Marx et la Grèce antique

Ouverture philosophique

Collection dirigée par, Dominique Chateau, Jean-Marc Lachaud et Bruno Péquignot

Une collection d'ouvrages qui se propose d'accueillir des travaux originaux sans exclusive d'écoles ou de thématiques.

Il s'agit de favoriser la confrontation de recherches et des réflexions, qu'elles soient le fait de philosophes « professionnels » ou non. On n'y confondra donc pas la philosophie avec une discipline académique ; elle est réputée être le fait de tous ceux qu'habite la passion de penser, qu'ils soient professeurs de philosophie, spécialistes des sciences humaines, sociales ou naturelles, ou… polisseurs de verres de lunettes astronomiques.

Dernières parutions

Bruno TRENTINI, *Interpréter l'art*, 2016.
Michel FATTAL, *Augustin, penseur de la raison ? (*Lettre *120, à Consentius),* 2016.
Fabrice MOUSSIESSI, *Penser l'épistémologie non classique des mathématiques chez Imré Lakatos,* 2016.
Gérard GOUESBET, *Violences des Hommes*, 2016.
Dominique CHATEAU, *Ontologie et représentation*, 2016
Philippe FLEURY, *Walter Benjamin, Un itinéraire philosophique*, 2016.
Paul DUBOUCHET, *Le « scandale Joseph de Maistre »*, 2016.
Pierre LAMBLE, *Le temps des monstres, Conscience humaine et violence de l'état, tome 4*, 2016.
Pierre LAMBLE, *Esprit et déraison, Conscience humaine et violence de l'état, tome 3*, 2016.
Pierre LAMBLE, *L'ombre de César, Conscience humaine et violence de l'état, tome 2*, 2016.
Pierre LAMBLE, *L'enfance terrible des États, Conscience humaine et violence de l'état, tome 1*, 2016.
Rafik HIAHEMZIZOU, *L'Expérience scientifique. Exposé philosophique de son développement*, 2016.
Joël BALAZUT, *La structure métaphysique du monde moderne. Heidegger et la question de la technique*, 2016.

Nikos Foufas

Marx et la Grèce antique

La lutte des classes dans l'Antiquité

5-7, rue de l'Ecole-Polytechnique, 75005 Paris

http://www.harmattan.fr
diffusion.harmattan@wanadoo.fr

ISBN : 978-2-343-09992-7
EAN : 9782343099927

Je dédie ce livre à mon père, Ioanni Foufa.

Αφιερώνω αυτό το βιβλίο στον πατέρα μου, Ιωάννη Φούφα.

Introduction

Dans le présent ouvrage, on s'interrogera sur la relation que la pensée et l'œuvre de Karl Marx (1818-1883) entretiennent avec la Grèce antique et avec la question épineuse de la lutte des classes dans l'Antiquité. Plus précisément, notre travail s'articulera principalement autour de deux moments. Dans un premier temps et très sommairement, on va tenter de voir de plus près le rapport de l'auteur du *Capital* avec la littérature, la pensée et la philosophie de l'Antiquité grecque et ensuite d'appréhender plus minutieusement, l'influence exercée par la philosophie d'Épicure sur sa réflexion de jeunesse. La thèse de doctorat sur Démocrite et Épicure va nous aider à mettre en avant, l'idée que Marx n'est pas un penseur déterministe, attaché à un matérialisme historique qui écraserait l'individualité humaine. Ainsi, on proposera initialement une lecture – une possible parmi tant d'autres – du rapport de Marx au monde grec qui sera orientée plutôt vers l'aspect philosophique et théorique, à l'égard duquel il semble être favorable, puis on examinera un autre côté historique et sociologique, selon lequel le phénomène grec est perçu d'une façon critique et bien située dans ses propres limites[1].

---

[1] À notre connaissance, les références de Marx à la civilisation et à la formation historique de la Grèce antique, ont été très peu étudiées par la recherche francophone. On peut toutefois citer le livre de Jean-Marc Gabaude, *Le jeune Marx et le matérialisme antique*, Éditions Privat, Toulouse, 1970 et l'ouvrage de Francine Markovits, *Marx dans le jardin d'Épicure*, Éditions de Minuit, Paris, 1973. Or, il s'agit des textes où l'accent est mis beaucoup plus sur les rapports philosophiques de Marx à Épicure que sur l'aspect culturel et social-historique. Également, Georges Labica consacrera juste un paragraphe

On estime que ces deux côtés coexistent et le point le plus intéressant est, qu'ils coexistent dans un équilibre conscient dans la pensée dite mature de Marx, à savoir la pensée des années 1850, notamment à partir de la rédaction des *Fondements de la critique de l'économie politique* ou autrement appelés les *Grundrisse* (1857-1858) et du *Capital*. Néanmoins, ces trois aspects ne se forment pas en même temps, mais successivement et leur consolidation dépend aussi d'une grande partie de la formation générale de la réflexion de Marx, qui commence avec son dialogue avec la pensée grecque comme on va constater et avec l'œuvre philosophique de G.W.F. Hegel et se poursuit avec la conception historique de la vie et de l'être social des êtres humains, qu'on rencontre pendant la maturité de Marx et qui le placera comme un des plus importants fondateurs des sciences sociales. En d'autres mots, avant que Marx élabore sa pensée sur l'économie politique, la société bourgeoise ainsi que l'analyse critique du capital et du travail aliéné, il avait formé une certaine idée du monde grec, qui à ses yeux incarnait la réalisation ou au moins l'orientation vers certaines valeurs morales et esthétiques. Plus tard, lorsque Marx aura une vision plus solide des phénomènes sociaux et historiques de son époque, il percevra et évaluera la Grèce et ses représentants intellectuels dans leurs propres limites et dans leurs propres dépendances théoriques et historiques.

Pourtant, Marx étant poussé par son admiration et son intérêt de jeunesse pour l'idéal grec et classique, il se posera la question suivante : comment cette durée et cette omniprésence – partielle au moins – de cet idéal antique s'articule-t-elle et s'associe-t-elle avec les dépendances historiques et les limitations sociales du monde grec

---

à l'influence des Grecs sur Marx dans le *Dictionnaire critique du marxisme*, p. 514, PUF, collection « Quadrige », Paris, 1982.

antique ? La réponse est donnée dans une perspective philosophique et historique hégélienne, où il résulte ce troisième aspect du rapport intellectuel de Marx avec la Grèce. Ce schéma et lecture en trois parties qu'on soutient ici, nous montre qu'une synthèse logique et systématique du point de vue marxien est possible[2].

Après avoir analysé le rapport intellectuel et philosophique de Marx avec la Grèce, on va se centrer sur une lecture critique d'une partie du livre magistral de l'historien anglais G. E. M. de Ste. Croix (1910-2000), *The Class Struggle in the Ancient Greek World. From the Archaic Age to the Arab Conquests*[3] (*La lutte des classes dans le monde grec antique. De l'époque archaïque aux conquêtes arabes*). Ceci sera l'autre moment central de notre investigation. À savoir, qu'on réfléchira sur la méthode marxienne comme approche de l'histoire de l'Antiquité, en s'appuyant principalement sur certains chapitres du livre de De Ste. Croix, dans lesquels l'auteur essaie d'analyser si et de quelle façon des concepts marxiens comme ceux *d'exploitation*, *de classe sociale* et surtout, de *lutte des classes* sont valables pour une compréhension de l'histoire et des mutations du monde social-historique de la Grèce, dans la plus grande partie de l'Antiquité. Par ailleurs, son opération théorique pourrait être considérée comme une réponse aux approches des historiens français, Pierre Vidal-Naquet et Jean-Pierre Vernant qui – quoiqu'ils aient été

[2] La distinction qu'une partie des commentateurs de Marx opère entre la période de jeunesse et celle de maturité – comme par exemple Louis Althusser dans *Pour Marx*, n'a aucun rapport avec la conception que Marx a de l'Antiquité grecque pendant sa jeunesse et celle qu'il développe pendant sa maturité.

[3] Livre paru chez les éditions Duckworth en 1981 à Londres.

influencés par l'œuvre de Marx – ne percevaient pas les esclaves comme une classe sociale[4].

Étant pleinement conscients des limites de notre travail, on ne pourra pas s'interroger sur tous les aspects traités par de Ste. Croix concernant la lutte des classes, l'exploitation et l'esclavage dans le monde grec, mais on y insistera lorsqu'elles se mettent en rapport direct avec la pensée et la méthode de Marx. De ce fait, cette partie essayera de constituer le prolongement ou pour le dire différemment une sorte de remaniement plus concret à partir d'un texte qui traite directement de l'histoire de la Grèce antique, en utilisant comme outils méthodologiques des concepts marxiens.

Bien plus, on doit remarquer le fait que de Ste. Croix ne fait pas simplement un usage stérile des notions marxiennes, mais il essaie constamment de montrer l'importance de la méthode marxienne pour comprendre l'esclavage dans l'Antiquité grecque et ce qu'il l'avait amené à penser l'histoire du monde grec en termes des conflits et de lutte des classes, d'antagonismes sociaux, économiques et idéologiques, situation provenant notamment de l'exploitation qu'une partie du corps social, l'aristocratie et l'oligarchie exerçaient sur les paysans et les esclaves. Dans cet ordre d'idées, on souhaite analyser de quelle façon la théorie marxienne de la lutte des classes avait-elle influencé une

---

[4] On peut se rapporter aux articles suivants de Pierre Vidal-Naquet, *Réflexions sur l'historiographie grecque de l'esclavage*, in *Actes du Colloque sur l'esclavage*, p. 25-44, Annales littéraires de l'Université de Besançon 140, Paris, 1972 et *Les esclaves grecs étaient-ils une classe ?*, in *Raison présente 6*, p. 103-112, 1968, repris dans son livre, *Le chasseur noir. Formes de pensées et formes de société dans le monde grec*, p. 211-221, Éditions La Découverte, Paris, 1991. En ce qui concerne Jean-Pierre Vernant, on se rapportera aux *Remarques sur la lutte de classe dans la Grèce ancienne*, in *Eirene 4*, p. 5-19, 1965.

tentative historique très importante et récente de compréhension de la société grecque antique. Bref, on s'intéressera tantôt à certaines thématiques au sujet de la Grèce antique, développées directement par Marx, c'est-à-dire à comprendre l'impact que l'Antiquité a eu sur le penseur allemand, tantôt à la tentative d'incorporer la lutte des classes et le phénomène de l'exploitation dans une explication de l'évolution du monde grec, à savoir à concevoir l'effet des idées de Marx sur une lecture matérialiste d'une formation sociale-historique particulière. Mais, avant d'entamer la discussion sur le livre de De Ste. Croix, commençons par la première partie de notre enquête, qui comme on l'avait déjà noté, portera sur le rapport intellectuel de Marx avec l'Antiquité grecque.

Première partie

1. L'idéal grec et l'Antiquité dans les premiers écrits marxiens. Marx et Épicure

Pour pouvoir bien comprendre le rapport de Marx à l'Antiquité grecque, on considère qu'il est indispensable d'explorer dans un premier temps, l'éducation que Marx avait reçue concernant cette période historique. On sait que Marx en tant que fils d'une famille relativement aisée s'est mis en contact avec la civilisation grecque et le grec ancien – mais aussi avec le latin – pendant ses études au collège de sa vie natale, Trier. Ce contact ne nous est pas connu du point de vue de l'impact émotionnel qu'il avait eu sur Marx, mais on peut affirmer qu'il acquiert à cette période la connaissance du grec ancien et du latin, quelque chose qui lui permettra dès ses études universitaires d'accéder directement à la littérature et à la pensée grecque et latine, sans avoir besoin de recourir à des traductions[5]. Ensuite, Marx entreprend des études de philosophie et de droit aux universités de Bohn et de Berlin et même à partir de l'été de 1837, il se met à traduire bien qu'il soit étudiant en droit, des textes grecs et latins, comme la *Rhétorique* d'Aristote – partiellement –, la *Germania* de Tacite et les *Tristia* d'Ovide[6]. Durant la rédaction de sa thèse de doctorat, Marx va également lire et mettre en fiches le *De l'âme* d'Aristote.

---

[5] Pour évaluer le niveau de connaissance du grec et du latin de Marx, on peut se rapporter au fait que lorsqu'il meurt en 1883, sa bibliothèque personnelle contient 89 volumes de littérature grecque et latine, parmi lesquels les 48 étaient à la langue originale. Cette information est indiquée par Alexandros Chryssis, in *Ο Μαρξ της εξέγερσης στον κήπο του Επίκουρου* (*Marx de la révolte dans le jardin d'Épicure*), p. 50, Éditions Govostis, Athènes, 2003.

[6] Voir Karl Marx in *Marx-Engels Werke*, Band 40, p. 8 et 9, Dietz Verlag, Berlin, 2012. Il s'agit de la lettre du 10 novembre de 1837 de Marx à son père, qui par ailleurs est très importante parce qu'il lui décrit les mutations intellectuelles très intenses et l'évolution

Après quelque temps, Marx s'intéressera à la philosophie grecque et surtout à la pensée de Démocrite (né vers 460 et mort en 370 avant notre ère) et d'Épicure (341-270 avant notre ère). À partir de 1839 et jusqu'en 1841, il rédige sa thèse de doctorat sur la *Différence de la philosophie de la nature chez Démocrite et Épicure*[7]. Il déposera son texte sur Démocrite et Épicure à la faculté de philosophie de l'université d'Iéna et sera reçu docteur *in absentia*, le 15 avril 1841[8]. Marx voulait prolonger ce

---

philosophique pendant cette période de sa vie. De plus, on sait que Marx suit pendant son premier semestre à l'université de Bonn, les séminaires d'August Wilhelm Schlegel et du philologue éminent, Friedrich Gottlieb Welcker sur Homère, l'histoire grecque et romaine.

[7] *Ibid.*, p. 257-308 et K. Marx, *Œuvres philosophiques,* volume I, *Différence de la philosophie de la nature chez Démocrite et Épicure,* traduit par Jules Molitor, Éditions Champ Libre, Paris, 1981. Ce texte de Marx, n'a pas été publié de son vivant. Une première édition de la thèse de doctorat sera publiée en 1913 par Franz Mehring. Néanmoins, elle comportera uniquement le texte de la thèse, sans les notes du jeune Marx. Une autre édition considérablement enrichie aura lieu en 1927, sous les soins de David Riazanov pour l'Institut Marx-Engels de Moscou. Mais, l'édition intégrale du doctorat de Marx, suivie par les cahiers préparatoires va paraître en 1975 à la collection *Marx-Engels-Gesamtausgabe* (*MEGA*). Ces cahiers sont pratiquement les écrits préparatoires de la thèse de doctorat de Marx. Notons que, les dits *Cahiers sur la philosophie épicurienne, stoïcienne et sceptique* qui se trouvent aussi dans le quarantième volume de *MEW*, occupent un très grand nombre de pages (p. 13-255). Malheureusement, ils ne sont pas encore traduits en français. Pour une présentation très synthétique des lignes directrices et des enjeux philosophiques de la thèse de doctorat de Marx, voir Cornu Auguste, *Karl Marx et Friedrich Engels. Leur vie et leur œuvre.* Tome premier : *Les années d'enfance et de jeunesse. La gauche hégélienne*, 1818 /1820-1844, p. 179-200, PUF, Paris, 1955.

[8] Avec l'arrivée sur le trône de Frédéric-Guillaume IV de Prusse qui va mener une politique réactionnaire, touchant l'éducation et plus spécifiquement dans ce cas, l'université de Berlin, Marx comprendra très vite qu'afin d'obtenir le grade de docteur, il devra s'adresser à une université plus progressiste comme celle d'Iéna.

travail à une présentation synthétique et plus large de la philosophie grecque, centrée sur le rapport des épicuriens, des stoïciens et des sceptiques avec l'ensemble de la pensée grecque. Pourtant, cette intention restera une ébauche. Ce qui est intéressant de noter et de Ste. Croix[9] le remarque aussi, c'est que Marx cite à la fin de l'avant-propos de son doctorat, les vers d'Eschyle que Prométhée adresse à Hermès : « *-Je n'échangerais pas, moi, sache-le bien, mon malheur contre ton esclavage* »[10]. Cela dit, le jeune penseur est déjà attiré par l'idée de la révolte contre l'autorité, la tyrannie et l'oppression.

Pendant cette période, Marx s'intéressera également à la pensée d'Aristote qui désignera plusieurs années plus tard dans le *Capital*, comme un « *géant de la pensée* »[11]. En général, Marx utilisera et citera tout au long de sa vie des auteurs grecs et latins, la plupart des fois au texte original, tels qu'Eschyle qu'il considérera comme un des plus grands poètes avec Shakespeare et Goethe aussi bien qu'Aristote, Plutarque, Épicure, Hérodote, Hésiode, Lucien, Isocrate, Sophocle, Thucydide, Diodore de Sicile[12], Pindare, Sextus

---

[9] G. E. M. de Ste. Croix, *The Class Struggle in the Ancient Greek World. From the Archaic Age to the Arab Conquests*, p. 48 de l'édition grecque. On va utiliser et citer la traduction grecque du livre de l'historien britannique.

[10] Eschyle, *Prométhée enchaîné,* vers 966, p. 123, traduit par Émile Chambry, Éditions GF Flammarion, Paris, 1964.

[11] Voir *Le Capital,* Livre I, p. 93, traduit sous la responsabilité de Jean-Pierre Lefebvre, Éditions PUF, collection « Quadrige », Paris, 1993.

[12] Il faut souligner la présence de l'œuvre de l'historien grec, Diodore de Sicile, dans les écrits marxiens. Marx le citera dans le huitième chapitre du premier livre du *Capital*. Plus exactement, l'auteur du *Capital* cite l'historien grec afin de mettre en lumière l'existence du surtravail en dehors de la formation sociale bourgeoise, dans le monde antique. Et Marx prend comme exemple un extrait de Diodore où il parle des conditions inhumaines de travail dans les mines d'or en

Empiricus, Xénophon, Homère, Strabon, Eusèbe et Démocrite. Ainsi, on trouve un grand nombre de références de Marx à l'histoire, à la philosophie et à la littérature grecque et latine[13]. On peut aussi dire avec une grande certitude que Marx avait une bonne connaissance de l'histoire de la République romaine, à travers les sources directes et par le biais des historiens du 18ème et du 19ème siècle comme Barthold Georg Niebuhr, Theodor Mommsen et Adolphe Dureau de la Malle.

On doit quand même signaler que de ce qu'on connaît de l'itinéraire intellectuel et philosophique de Marx, qu'après la fin de ses études universitaires, il n'avait pas entrepris de nouveau une lecture prolongée et systématique de l'histoire grecque et du monde romain. Donc, on est amené à noter dans un premier temps que Marx apparaît comme ayant une connaissance solide du grec et du latin et il se réfère souvent aux auteurs grecs et latins, en faisant des

---

Afrique. Néanmoins, il s'agissait d'une activité réalisée en vue de l'augmentation de la valeur d'usage et pas tellement de la valeur d'échange, qui dans le cas du travail dans les mines causait très souvent la mort des esclaves. Il ne s'agissait pas non plus d'un travail rationnellement mécanisé, comme c'était le cas dans les fabriques et dans les industries. Voir, K. Marx, *op.cit.,* p. 262-263.

[13] Par exemple, Spartacus, qui était esclave et gladiateur d'origine thrace et le principal chef des révoltés lors de la Troisième Guerre servile en Italie (73-71 avant notre ère), était une des personnes du monde antique que Marx admirait le plus. De Ste. Croix cite une partie de la lettre de Marx à Engels, du 27 février 1861. Plus précisément, Marx évalue Spartacus, comme l'homme le plus brillant de l'histoire de l'Antiquité et comme un véritable représentant du prolétariat antique. Voir G. E. M. de Ste. Croix, *op.cit.,* p. 50. Spartacus a ainsi occupé une place importante dans l'imaginaire révolutionnaire du 19ème et surtout du 20ème siècle. Lors de la Première Guerre mondiale, Karl Liebknecht et Rosa Luxemburg appelleront leur mouvement politique la *Ligue spartakiste.* De même, le soulèvement qui a eu lieu en Allemagne pendant le mois de janvier 1919, sera la plupart du temps désigné comme la révolte spartakiste.

comparaisons ou des analogies avec le monde moderne, mais il ne fait pas de ce rapport un système ou une référence fondamentale après la rédaction de son doctorat, comme c'est le cas par exemple avec Hegel lequel se rapporte fréquemment à la pensée grecque dans ses *Leçons sur l'histoire de la philosophie* et surtout dans ses *Leçons sur la philosophie de l'histoire*, ou comme Nietzsche qui rédigera plusieurs textes sur la Grèce antique.

Néanmoins, revenons à ce dialogue relativement bref que Marx entreprend avec l'Antiquité grecque pendant sa jeunesse. Pour reprendre le fil de notre réflexion, il faut signaler que le nombre des auteurs auxquels Marx fait appel dans son doctorat, par exemple Plutarque, Eusèbe, Athénée, Aristote et Cicéron, ne s'identifie pas à la finalité théorique de cet écrit. C'est-à-dire que l'intention de Marx est avant tout philosophique, à savoir qu'il veut contribuer aux recherches théoriques et aux tendances intellectuelles des Jeunes-Hégéliens, auxquels il appartient à cette époque, en finissant dans un certain sens par les dépasser. L'idéal classique qui se fait très présent pendant cette période dans ce texte de Marx sert certains buts philosophiques radicaux. Cet idéal classique incarne pour le jeune penseur, la vie dans sa puissance émouvante et vibrante, mais en même temps dans l'harmonie de ses propres éléments, la beauté dans l'union des contraires et dans la sûreté que la plénitude existentielle peut offrir à l'être humain. Pourtant, tous ces éléments que Marx présente, ils prennent leur sens philosophique et polémique, lorsqu'ils s'opposent à l'idée chrétienne de l'au-delà, à savoir à la soumission théologique de l'être-là terrestre à un au-delà divin surnaturel et transcendant.

L'idée centrale de la critique de la religion comme aliénation de l'être générique de l'homme – qui a partiellement ses origines chez Hegel et Feuerbach – restera capitale durant tout le développement intellectuel de Marx et on peut la retrouver beaucoup plus en détail, dans son texte écrit en 1843, la *Contribution à la critique de la « Philosophie du droit » de Hegel.* En fait, Marx est persuadé que cette soumission et cet abaissement signifient à la fois une négation et une destruction de la vie, puisque l'homme demande à la vie après la mort une sorte de consolation pour ses peurs et ses angoisses ou d'un autre côté, il attend d'être récompensé pour ses « bonnes actes » par Dieu, situation que selon Marx empêche toute sorte d'action non intentionnée. En détruisant alors la vie dans sa dimension sensuelle et sensitive, la religion (il faut dire que Marx lorsqu'il parle de religion se réfère la plupart de fois au christianisme) détruit en même temps la dimension éthique et rationnelle de l'homme. Dans ce stade de la pensée du jeune Marx, l'idéal classique signifie dans son opposition envers la religion, exactement la même chose que signifie l'autre ennemie de la religion, la connaissance philosophique. Autrement dit, la philosophie inclut et exprime en même temps l'affirmation de la vie terrestre et la morale, qui est inspirée par la Raison, comme cette façon de vie d'un être humain libre et autonome.

Il est bien connu qu'à partir de la Renaissance, l'idéal classique était une manière de s'opposer ouvertement ou plus discrètement à l'idéal ascétique du christianisme, bien que la recherche contemporaine ait montré que la Renaissance à son ensemble était beaucoup moins païenne qu'on le pense d'habitude, et que le mythe des romantiques du 19ème siècle à propos d'une Renaissance profondément païenne faisait partie d'une période de conflit et de lutte pour l'imposition au plan intellectuel et philosophique de l'idéal classique. Surtout en Allemagne où pour des raisons historiques précises, le mouvement des Lumières, l'*Aufklärung*, était moins radical que le mouvement des Lumières en France. Ce « vide » était rempli par le travail philosophique et esthétique remarquable de l'idéal classique des penseurs comme Friedrich von Schiller et Johann Joachim Winckelmann. Leur travail consistait à remplir cette radicalité partielle de l'*Aufklärung* en Allemagne et à donner à la partie éduquée de la classe bourgeoise, un code et une orientation idéologique avec ses premières oppositions et par la suite conflits avec les idéologies dominantes à l'époque dans le monde allemand, le christianisme et la féodalité. Cette spécificité historique du monde germanique est par ailleurs, une des raisons fondamentales de l'éclatement des études classiques en Allemagne.

Dans ce sens, lorsque le jeune Marx qui vit et pense précisément à cette période de floraison des études classiques dans le monde germanique, il défend cet idéal classique et perpétue jusqu'à un certain point la tradition encore nouvelle de la classe bourgeoise de son pays, telle qu'il l'avait appris à l'école, mais aussi dans son environnement familial. On ne connaît pas exactement quand Marx avait lu Schiller[14], mais il étudie déjà en 1837 à Berlin les textes de Winckelmann et l'influence de cette lecture peut être comprise même dans son texte de doctorat, au moment où il parle des dieux plastiques de l'art grec, lesquels sont caractérisés principalement par l'ataraxie de la contemplation, du *théorein* (*θεωρεῖν*). Pourtant, il faut noter que dans la perspective de la philosophie radicale du jeune Marx, l'idéal classique acquiert un sens très différent que celui qu'il avait dans le contexte de la culture bourgeoise, à savoir qu'il s'éloigne de la modération bourgeoise qui instrumentalisait la Grèce, les lettres et la pensée de

---

[14] Marx dans un de ses poèmes satiriques de jeunesse s'oppose à ceux qui essaient de concilier Schiller avec le christianisme, voir *Marx-Engels-Werke, Ergänzungsband*, 1. Teil, p. 610, Berlin, 1968.

l'Antiquité et surtout les idées de mesure (*μέτρον*) et d'harmonie, afin de couvrir idéologiquement un conformisme philosophique, social ou politique et il se transforme en un paganisme séculier et engagé, ainsi qu'en une affirmation de l'existence humaine dans toutes ses dimensions. Cette interprétation de l'idéal classique peut nous aider à apercevoir l'enthousiasme avec lequel Marx se réclame dans la même époque de l'anthropologie de Ludwig Feuerbach, une anthropologie qui accorde la primauté à la corporéité et à la matérialité de l'être générique de l'homme[15].

La radicalité de l'idéal classique qu'on trouve chez le jeune Marx ne consiste pas uniquement à l'élément païen et séculier, mais aussi à l'élément prométhéen. L'homme qui affirme de tout son être la vie terrestre, qui atteint une sorte d'ivresse, d'épanouissement et de plénitude et qui cherche à saisir son propre être, il ne peut en fin de compte que se battre contre Dieu ou les dieux, en tant que forces qui empêchent la réalisation de son autonomie et de sa liberté.

La philosophie comme Marx la comprenait à cette époque – qui était postérieure à la Révolution française – était fondée sur une opposition radicale envers la religion, envers toute religion et c'est pour cela qu'il citait en grec ancien dans l'avant-propos de son doctorat, un vers très caractéristique du *Prométhée enchaîné*. Mais voyons l'ensemble du texte :

La philosophie ne s'en cache pas. Elle fait sienne la profession de foi de Prométhée : « À parler franc, je hais tous les dieux ! ». Et cette

---

[15] Marx est influencé tout au long de cette période et jusqu'aux années 1844-1845, où il rédigera les *Manuscrits parisiens*, les *Thèses sur Feuerbach* et l'*Idéologie Allemande*, par les textes de Ludwig Feuerbach *L'essence du christianisme* (1841) et *Thèses pour une reforme de la philosophie* (1843).

devise, elle l'oppose à tous les dieux du ciel et de la terre, qui ne reconnaissent pas la conscience humaine comme la divinité suprême. Elle ne souffre pas de rival.

Mais aux tristes sires qui se réjouissent de ce qu'en apparence la situation sociale de la philosophie ait empiré, elle fait à son tour la réponse que Prométhée fit à Hermès, serviteur des dieux : « Jamais, sois-en certain, je n'échangerais mon misérable sort contre ton servage ; j'attache plus de prix, en effet, à être rivé à cette pierre qu'à être le valet fidèle et le messager de Zeus le Père. »

Dans le calendrier philosophique, Prométhée occupe le premier rang parmi les saints et les martyrs[16].

Aux yeux de Marx, la conscience humaine, condensée en raison philosophique, non seulement s'oppose à la religion, mais elle la remplace, en parvenant à une sorte d'élévation, d'exaltation et de divinisation. Ainsi, l'être humain peut se poser comme le maître de sa propre

[16] K. Marx, *Œuvres philosophiques,* volume I, *Différence de la philosophie de la nature chez Démocrite et Épicure,* p. 15. Le vers entier du premier extrait cité d'Eschyle est celui-ci : « *À parler franc, je hais tous les dieux, qui obligés, par moi, m'en payent par un traitement inique* », in *Prométhée enchaîné,* vers 976-977, *op.cit,* p. 123. Il faut remarquer que dans sa thèse de doctorat, le jeune Marx fait coexister – peut-être pour la première fois dans l'histoire de la pensée – l'ataraxie épicurienne (*ἀταραξία* en grec, c'est-à-dire l'absence de troubles) et Prométhée comme incarnation de la révolte et de l'insoumission. Prométhée et Épicure sont mis par Marx dans le même plan, puisque tous les deux se révoltent contre les dieux. Néanmoins, pour Marx, l'ataraxie ne désigne pas le détachement du monde et du devenir, le repli sur soi-même, mais plutôt la victoire sur la peur de la mort, sur la crainte des Dieux et sur la superstition. L'homme, qui se révolte contre les dieux et par extension contre toute forme de pouvoir terrestre se cristallise dans la figure du philosophe, qui supprime les chaînes imposées par la religion et la théologie, parvient à vivre en harmonie avec le monde. De là, on constate que la philosophie dans la dissertation de Marx doit être le synonyme d'une *activité pratique*, qui est en rupture avec le pouvoir établi qui contrôle les êtres humains par la peur et tente de mettre les bases pour leur libération.

existence réaffirmée[17]. Selon Marx, Prométhée est le martyre le plus emblématique du calendrier philosophique. En ce sens, l'élément prométhéen appartient d'emblée à l'idéal grec et exprime la tension entre la philosophie et la raison théologienne. Pour Marx, le philosophe grec était un démiurge, un créateur (*δημιουργός*) et comme il dit, celui qui ne veut pas créer avec ses propres moyens le monde entier, il ne peut pas avoir le plaisir éternel de l'esprit.

On est d'avis que les différences du jeune Marx par rapport à ce qui va suivre au plan philosophique sont assez manifestes, puisqu'on a la possibilité de connaître la totalité de son œuvre. Marx associe la pensée grecque, au moins l'école la plus matérialiste de la pensée antique, celle du Jardin d'Épicure, à une vision engagée et militante de la philosophie, étant influencé par des écrits comme ceux de Schiller et de Feuerbach. Indépendamment des transformations futures que ses opinions subiront en ce qui concerne la philosophie en général et la philosophie grecque plus particulièrement, Marx restera toujours favorable au postulat épicurien et prométhéen.

Or, il ne s'agit pas simplement des affinités philologiques et littéraires, mais plutôt d'une prise de position

---

[17] Paul Ricœur avait noté l'exaltation et la centralité de la conscience affirmée dans la pensée du jeune Marx, en se référant à *L'Introduction à la Critique de la philosophie du droit de Hegel* : « *Les individus doivent, une fois de plus, se recentrer sur eux-mêmes. La démarche de Marx s'inscrit encore dans la filiation de l'idéalisme allemand qui installe la conscience de l'homme et son autonomie au sommet de l'univers. En fait, l'étape ultime de cette reconquête de l'autonomie et de l'auto-affirmation de la conscience est une forme d'athéisme. C'est un athéisme idéaliste, puisque la conscience de soi de l'homme est le noyau de la réaffirmation de l'être de l'homme* », in Paul Ricœur, *L'idéologie et l'utopie*, p. 45, traduit de l'anglais par Myriam Revault d'Allones et Joël Roman, Éditions du Seuil, collection « La couleur des idées », Paris, 1997.

relative à un problème capital de la philosophie de l'histoire. Marx comme tous les autres Jeunes-Hégéliens de gauche des années 1840, interprète la pensée de Hegel d'une autre façon en ce qui concerne la question de l'histoire humaine. Hegel comprenait l'histoire humaine comme le lieu de manifestation, de déploiement et de réalisation de Dieu et de l'esprit (*Geist*). Marx reprend cette idée au sens où il pense qu'un Dieu qui a besoin de l'histoire humaine afin de se manifester, ne peut être autre que l'Homme lui-même, le genre humain dans la succession de ses générations, de ses réalisations et de ses accomplissements. Si le monde est l'histoire, alors le créateur du monde est l'homme. L'homme en se rendant conscient de tout cela et de sa véritable nature et place dans le monde, il détruit les anciens dieux et devient lui-même Dieu, en préservant la vitalité et le dynamisme d'un Titan révolté. Bien que Marx dans sa maturité s'exprime d'une façon moins poétique, pourtant il n'a pas cessé de comprendre le rapport de l'homme avec l'histoire dans l'horizon de ce schéma qu'on vient de décrire. De ce fait, l'élément prométhéen gardera une importance dans la réflexion de Marx.

L'intérêt du jeune Marx pour l'affirmation de cette version radicale de l'idéal classique dans son unité est si intense, qu'en 1840 il refuse d'admettre qu'il y a un rapport intellectuel entre le platonisme et le christianisme, quelque chose que Nietzsche niera quelques décennies plus tard, en soutenant que le christianisme n'était qu'un platonisme pour le peuple. Selon Marx, Platon avait pratiqué et enseigné la philosophie avec une obstination et un enthousiasme religieux, mais en préservant l'autonomie de la Raison philosophique, du *Λόγος* (*Logos*) et sa puissance cathartique. Le déclin de la philosophie se situe beaucoup plus tard et il est marqué par l'oubli de deux côtés de l'idéal classique. Ainsi selon Marx, Plutarque et les stoïciens abandonnent la stricte distinction entre philosophie et religion et ramènent la philosophie au niveau des peurs et de l'ignorance. D'ailleurs, la référence de Marx dans les cahiers préparatoires de son doctorat à Plutarque est assez critique. Quelques années plus tard, il parlera des stoïciens dans l'*Idéologie allemande* en s'opposant aux positions de Max Stirner, un autre membre important de l'aile gauche des Jeunes-Hégéliens, au sujet de la philosophie grecque. Marx considère que les stoïciens constituent une des sources philosophiques du néoplatonisme, et il exprime l'opinion qu'ils avaient fondé une physique naturelle sérieuse, pour laquelle il ne suffit pas simplement le renouvellement de la physique héraclitéenne, mais qu'il faut passer par le biais de l'observation empirique :

> *Le sage stoïcien n'a pas pour conception une « vie sans évolution vitale », mais une vie* douée d'un mouvement absolu*, ce qui résulte de sa conception de la nature, qui est la conception héraclitéenne, dynamique, évolutive et vivante, tandis que, chez les épicuriens, la* mors immortalis*, comme dit Lucrèce, l'atome, est le principe de la conception de la nature, le loisir divin remplaçant la « vie en mouvement » et devenant un idéal de vie qui s'oppose à l'énergie divine d'Aristote. {...} « De la nature » les stoïciens « savaient dire ceci » : que la physique est une des sciences les plus importantes pour le philosophe. C'est pourquoi ils se donnèrent la peine de développer la physique d'Héraclite* (c'est Marx et Engels qui soulignent)[18].

Pour Marx et Engels dans l'*Idéologie allemande*, la raison qui a amené les sceptiques à abandonner l'idéal grec, était l'abandon de l'élément constitutif de la pensée grecque, l'élément prométhéen. Les sceptiques en pensant que l'homme ne peut pas connaître la vérité, ils se contentent de laisser la réalité telle qu'elle est, en ramenant

[18] K. Marx-F. Engels, *L'Idéologie allemande*, p. 127, présentée et annotée par Gilbert Badia, traduit par Henri Auger, Gilbert Badia, Jean Baudrillard et Renée Cartelle, Éditions Sociales, Paris, 1976.

« *à l'*apparence *illusoire le rapport théorique des hommes avec le monde, et, dans la pratique, ils étaient conservateurs, du fait qu'ils réglaient leurs actions sur cette apparence comme d'autres les règlent sur la réalité. Ils donnaient seulement un autre nom à la chose* » (c'est Marx et Engels qui soulignent)[19]. Marx accusera les sceptiques pour la limitation de la possibilité de la connaissance de la part de l'homme, en laissant une grande place pour la religion et la croyance, puisque l'absence de connaissance se remplace par la croyance.

Mais pour conclure, revenons au texte du doctorat où Marx oppose Démocrite à Épicure et essayons de donner quelques précisions quant aux idées principales de son argumentation philosophique. Tout d'abord, le jeune Marx semble être intéressé par la pensée épicurienne pour quatre raisons. Premièrement, à cause du fait qu'Épicure a une certaine réflexion sur la liberté, même si selon Marx, elle reste assez discutable et limitée[20]. Cela dit, aux yeux du jeune penseur, la philosophie en tant qu'activité humaine est profondément liée à la liberté et l'être humain a la capacité d'agir librement dans le monde. Marx découvre ainsi chez Épicure, l'amour pour la liberté et une critique du déterminisme, qui est néanmoins assez contestable. Par contre, la critique du déterminisme chez Marx a clairement une portée sociale et politique : elle tente d'affronter les dominations et les nécessités d'ordre social-historique, qui

---

[19] *Ibid.*, p. 130.

[20] Cornu notait sur ce sujet : « *C'est le principe de liberté, nécessaire à l'action, inclus dans la philosophie d'Épicure qui attirait K. Marx vers ce philosophe et le rendait indulgent pour ses explications un peu fantaisistes de phénomènes physiques, qui n'étaient du reste guère plus étranges que celles qu'en avaient données Hegel et surtout Schelling* », A. Cornu, *op.cit.*, p. 200.

veulent soumettre chaque existence singulière[21]. Deuxièmement, parce que le philosophe athénien accorde une certaine importance au hasard. Troisièmement, contrairement à Démocrite, Épicure revalorise tantôt l'aspect spirituel, tantôt matériel de l'atome. Quatrièmement, Marx prône Épicure pour sa tentative de libérer les êtres humains de la crainte des Dieux et de la superstition. La physique d'Épicure obtient dans le doctorat de Marx son jugement favorable, surtout à cause de ses qualités éthiques et philosophiques et non tellement pour des raisons purement scientifiques, puisqu'elle accorde un rôle primordial à l'ataraxie et au bien-être de l'homme, en enlevant de l'esprit humain toute peur métaphysique. Cela fait clairement partie du désir de Marx d'exprimer ses affinités avec l'idéal classique, comme quelqu'un qui est engagé à la lutte contre la religion et le pouvoir clérical. Sans doute, il ne pouvait pas rester indifférent devant la conception épicurienne de la divinité, étant donné que pendant la rédaction de sa thèse de doctorat, sans être encore pleinement matérialiste, était très proche d'un athéisme et d'un panthéisme radical. En fait, il cite dans sa thèse de doctorat le fameux passage du *De rerum natura*, où Lucrèce fait l'éloge d'Épicure :

L'homme traînait sa vie abjecte et malheureuse
Sous le genou pesant de la religion,
Qui, des hauteurs du ciel penchant sa tête affreuse,
La tenait dans l'horreur de son obsession.
Un Grec fut le premier qui, redressant la face,
Affronta le fantôme avec des yeux mortels.
Foudre, ni ciel tonnant ni prestige d'autels,

[21] Alexandros Chryssis désigne ce sujet que ces forces extérieures veulent écraser, d'une part l'obscurantisme théologique et d'autre part, le positivisme scientifique selon la lecture du jeune Marx, par le terme de « *subjectivité agissante* ». Voir A. Chryssis, *op.cit.*, p. 124. D'après l'analyse de Chryssis, cette subjectivité agissante, ennemie féroce de tout déterminisme, traverse l'écrit juvénile de Marx.

Ne l'ébranle...
Sur la religion un pied vainqueur se pose,
L'écrase ; et sa victoire est notre apothéose ![22]

Malgré ces éléments positifs que Marx trouve chez Épicure, le jeune penseur reste critique à l'égard de la conception épicurienne de la liberté et du rapport qu'elle entretient avec la nécessité. D'après Marx, la philosophie d'Épicure arrive à une impasse à son point le plus fécond. Bien qu'elle réfléchisse sur la liberté et le hasard, ainsi que sur la place de l'être humain dans le monde, Épicure est incapable de concevoir l'homme dans son rapport dialectique avec l'extériorité et par là, d'appréhender que la liberté est dialectiquement liée à la nécessité[23]. Plus précisément, ce que Marx met en doute est le caractère abstrait de la liberté épicurienne qui aboutit à un retirement de la vie sociale et au repliement sur soi-même. Le commentaire de Cornu peut éclaircir ce problème :

À la différence d'Épicure, K. Marx considérait que le problème de la liberté ne peut être résolu que si on le conçoit dans ses relations avec la nécessité, c'est-à-dire si on considère l'homme non pas en soi, dans son isolement, dans son opposition au monde, dans une absolue autonomie, mais dans ses relations avec le monde, qui impliquent la limitation de cette autonomie. La reconnaissance de la nécessité conçue comme détermination objective rationnelle supprime, en effet, l'opposition apparemment absolue entre elle et la liberté qui permet à l'homme, par la compréhension de la rationalité du monde et par l'utilisation consciente de la nécessité, c'est-à-dire des lois qui le régissent, d'affirmer sa liberté[24].

Pour résumer, on considère que l'intérêt du jeune Marx pour Épicure l'a incité, d'un côté à critiquer Hegel et les

---

[22] Cité par Marx, in *Différence de la philosophie de la nature chez Démocrite et Épicure*, p. 49.

[23] On reviendra sur le rapport de la liberté et de la nécessité chez Marx, un peu plus loin.

[24] A. Cornu, *op.cit.*, p. 201.

Jeunes-Hégéliens à cause de la primauté qui accordaient à la réflexion, négligeant l'importance de l'agir humain, d'un autre côté à mettre en place les fondements pour une pensée qui entretient un rapport dynamique et dialectique avec le monde, c'est-à-dire non seulement contemplatif et spéculatif, mais principalement pratique. En d'autres mots, la grandeur et les faiblesses de la pensée d'Épicure, ainsi que de la philosophie grecque et du système hégélien, vont pousser Marx à mettre en exergue sa propre conception du monde.

Le rapport réflexif et spéculatif de l'esprit, une connaissance philosophique détachée du devenir du monde ne peuvent plus satisfaire l'auteur de la thèse sur Épicure et Démocrite. Plus concrètement, Marx sent dès cet écrit juvénile la nécessité d'édifier une philosophie qui participera à la transformation du monde et de là, *la nécessité de transformer le monde*. La philosophie désire la transformation complète du monde, mais il s'agit d'une transformation qui amène finalement à sa propre suppression. On a alors affaire à une contradiction fructueuse : *l'esprit philosophique se rapporte au monde à travers une relation théorique et spéculative, mais cela ne lui suffit plus, étant donné qu'il veut se réaliser dans le monde*. Marx écrivait dans la première partie des notes de la thèse de doctorat ceci :

> *Du fait que la philosophie en tant que volonté s'oppose au monde phénoménal, le système est rabaissé à une totalité abstraite, c'est-à-dire il est devenu un côté du monde, auquel s'oppose un autre côté. Son rapport avec le monde est un rapport de réflexion. Animé du désir de se réaliser, il entre en lutte avec quelque chose d'autre. La satisfaction intérieure et la perfection sont rompues. Ce qui était une lumière intérieure se change en une flamme dévorante qui se tourne vers l'extérieur. Il en résulte cette conséquence :* le devenir-philosophie du monde (Philosophisch-Werden der Welt) est en même temps un devenir-monde de la philosophie (Weltlich-Werden der Philosophie), sa

réalisation est en même temps sa perte, *ce qu'elle combat à l'extérieur, c'est sa propre défectuosité intérieure, c'est précisément au cours de la lutte qu'elle tombe dans les faiblesses qu'elle combat comme faiblesses dans son contraire, et elle ne peut supprimer (aufhebt) ces faiblesses qu'en y tombant. Ce qui s'oppose à elle et ce qu'elle combat, c'est toujours ce qu'elle est elle-même ; mais les facteurs sont intervertis* » (c'est nous qui soulignons)[25].

Essayons à présent de tirer l'élément le plus important d'après nous, en ce qui concerne la thèse de doctorat du jeune Marx. La dissertation sur Démocrite et Épicure nous permet d'apercevoir l'existence d'un Marx qui est très souvent oublié, méconnu ou mis à l'écart. Plus concrètement, cet écrit de jeunesse est la preuve d'un philosophe qui est fasciné par la liberté et par la lutte contre toute sorte d'oppression et de déterminisme, qui peuvent peser sur la vie des êtres humains. Marx met ainsi en avant une subjectivité qui désire la libération de toute forme de nécessité, tantôt pratique et sociale, tantôt théorique et métaphysique. Par là, on peut à notre propre niveau mettre en doute la conception de la pensée marxienne comme un déterminisme historique et comme un matérialisme historique dogmatique et rigide.

Bien plus, il s'agit d'une opération philosophique – certes courte et inachevée – qui accorde une importance centrale à la contingence et au hasard[26]. Le jeune penseur

---

[25] K. Marx, *Différence de la philosophie de la nature chez Démocrite et Épicure*, p. 52.

[26] Rappelons ici qu'Althusser avait tenté de faire l'articulation entre un « matérialisme aléatoire » ou « matérialisme de la rencontre » et la pensée de Marx. Pour ce faire, il faudra d'après Althusser réactiver une tradition philosophique très spécifique. Le point le plus intéressant est que le penseur marxiste dans un entretien avec la philosophe mexicaine Fernanda Navarro, fait explicitement appel à Démocrite et à Épicure : « *Mon intention, ici, est d'insister sur l'existence d'une tradition matérialiste non reconnue par l'histoire de la philosophie.*

semble alors former la première ébauche d'une dialectique de la contingence/liberté et de la nécessité, privilégiant indubitablement les deux premières. Dans ce sens, *la lecture de la philosophie épicurienne entamée par Marx, met les fondements d'une compréhension dialectique du hasard, de la liberté et d'une activité humaine dans l'histoire qui résiste au despotisme religieux et politique, aussi bien qu'à la négation de l'individualité singulière de l'être humain.* Marx trouve chez Démocrite une conception mécanique de l'atome, tandis que chez Épicure, *il* reconnaît une certaine marge de liberté dans la déclinaison et le mouvement des atomes. Néanmoins, le penseur allemand va élargir et transposer l'élément du hasard et de la liberté dans le monde social-historique, c'est-à-dire dans *les rapports que les êtres humains vivants et agissants entretiennent avec le monde*.

2. La formation sociale grecque conçue à partir des idées marxiennes de l'idéologie et de la société industrielle. La Grèce antique dans la pensée mature de Marx

Tout en étant conscients que l'analyse dans cette première partie reste assez générale et sans entrer aux détails du texte du doctorat de Marx, mais tout en essayant

---

Celle de Démocrite, Épicure, Machiavel, Hobbes, Rousseau (celui du deuxième Discours*), Marx et Heidegger, avec les catégories qu'il a soutenues : celles de vide, de limite, de marge, d'absence de centre, de déplacement du centre dans la marge (et* vice versa*) et de liberté. Matérialisme de la rencontre, de la contingence, et en somme de l'aléatoire, qui s'oppose aux matérialismes reconnus comme tels, y compris celui attribué communément à Marx, Engels, Lénine, lequel, comme tout matérialisme de la tradition rationaliste, est un matérialisme de la nécessité et de la téléologie, c'est-à-dire une forme déguisée d'idéalisme* », in Louis Althusser, *Sur la philosophie*, p. 42, Éditions Gallimard, Paris, 1994.

de tirer quelques idées qui nous semblent pertinentes pour éclaircir le rapport du jeune Marx avec le monde grec, on passe à la lecture de la place de la Grèce antique dans la pensée mature du penseur allemand. Cependant, afin de procéder à cet éclaircissement, il faudra examiner quels sont les éléments qui jouent un rôle considérable dans la nouvelle interprétation du phénomène grec. Ces éléments du Marx de la maturité sont deux (il n'y en a pas que ces deux, mais en ce qui concerne notre propos on ne va pas parler de tous les changements et des nouveautés de la pensée marxienne à partir des années 1850 et 1860) : d'abord, la question de l'idéologie dans la pensée de Marx et puis l'idée qu'il se fait du rôle historique joué par l'industrie.

On avait noté dans le premier chapitre que pour le jeune Marx étudiant, l'idéal classique joue le même rôle et occupe la même place que la philosophie. Le contenu de l'idéal classique aussi bien que la philosophie servent à lutter contre l'ennemi le plus important : la religion, qui à son tour est le résultat spirituel et l'expression d'une réalité sociale et politique renversée, absurde et inhumaine. La polémique contre la religion, lancée par Marx dans sa *Dissertation* sur Démocrite et Épicure, deviendra progressivement bien plus articulée et concrète[27]. Rappelons ce que Marx écrivait au sujet de la religion en 1843 :

---

[27] Il est intéressant de noter que l'orientation fondamentale de la thèse de doctorat sera explicitement maintenue par Marx, même pendant les années 1850, comme lui-même l'affirmait dans ses lettres du 22 février et du 3 avril 1858 adressées à Lassalle. Ces deux lettres sont mentionnées par Lukács dans son ouvrage *Le jeune Marx. Son évolution philosophique de 1840 à 1844*, p. 26, traduit par Pierre Rusch et préfacé par Jean-Marie Brohm, Les Éditions de la Passion, Paris, 2002. Dans la même page de son livre, Lukács écrivait ceci au sujet de la *Dissertation* de Marx : « *Le résultat – d'une manière à*

La religion est, à vrai dire, la conscience de soi et le sentiment de soi de l'homme qui ne s'est pas encore conquis, ou bien qui s'est déjà à nouveau perdu. Mais l'homme, *ce n'est pas une essence abstraite, accroupie hors du monde. L'homme, c'est* le monde de l'homme, *l'État, la société. Cet État, cette société produisent la religion, une* conscience inversée du monde, *parce qu'ils sont eux-mêmes un* monde à l'envers. *La religion est la théorie générale de ce monde, son compendium encyclopédique, sa logique sous une forme populaire, son point d'honneur spiritualiste, son enthousiasme, sa sanction morale, son complément solennel, le fondement universel de sa consolation et de sa justification. Elle est la* réalisation imaginaire *de l'essence humaine, parce que l'*essence humaine *ne possède pas de réalité vraie. La lutte contre la religion, c'est donc, médiatement, la lutte contre* ce monde *dont la religion est l'*arôme *spirituel. La misère* religieuse *est tout à la fois l'*expression *de la misère réelle et la* protestation *contre cette misère-là. La religion est le soupir de la créature opprimée, l'âme d'un monde sans cœur, de même qu'elle est l'esprit d'un état de choses dépourvu d'esprit. La religion est l'*opium *du peuple* (c'est Marx qui souligne)[28].

En ce qui concerne maintenant la philosophie, aux yeux du jeune Marx, elle est une et indivisible : elle est l'élément rationnel et moral dans sa fonction créatrice et correctrice des choses. La philosophie selon la conception juvénile de Marx n'est pas déterminée par la réalité en plein déclin, mais elle s'oppose à elle et essaie de la nier et de la

---

nouveau révélatrice – étonne encore le lecteur plus d'un siècle après par la géniale profondeur des vues qui y sont présentées ; l'auteur, cependant, en était si peu satisfait qu'il ne put se résoudre à le publier sous cette forme. Ces réticences sont d'autant plus caractéristiques de sa rigoureuse faculté d'autocritique, que des propos beaucoup plus tardifs de Marx (par exemple certaines lettres à Lassalle) montrent que, jusque dans sa maturité, il tiendra encore pour exacte l'orientation générale de sa thèse, la méthode par laquelle il abordait les problèmes philosophico-historiques en général et la vision épicurienne du monde en particulier ».

[28] K. Marx, *L'Introduction à la Critique de la philosophie du droit de Hegel*, p. 7, traduit par Eustache Kouvélakis, Éditions Ellipses, collection « Philo-textes », Paris, 2000.

transformer[29]. La question de la transformation de la réalité sera également posée un peu plus tard par Marx, d'une façon beaucoup plus directe dans les *Thèses sur Feuerbach* (1845), où il se montrera hostile à l'égard de l'interprétation abstraite de la réalité et de l'être social de la part des philosophes, en posant comme postulat sa mutation par le biais de l'*activité historique et révolutionnaire d'auto-transformation pratique des êtres humains*.

Ainsi, on doit tout d'abord bien marquer le fait que la pensée de Marx jusqu'en 1845 a considérablement évolué de l'époque du texte de doctorat et qu'elle appartient désormais au mouvement révolutionnaire et communiste, en ayant déjà forgé ou s'étant approché des concepts tels que l'*idéologie*, *le travail aliéné*, *le prolétariat, la lutte des classes, le matérialisme, l'émancipation des travailleurs* et ayant entamé aussi la critique de l'économie politique qui sera suivie par la critique décisive du *capital*, comme rapport social dominant dans les sociétés bourgeoises.

Pour revenir à la question de la philosophie, son statut change énormément entre la jeunesse de Marx et sa maturité. Pendant sa jeunesse, la philosophie n'est pas déterminée par la conscience humaine, mais elle s'oppose constamment à elle, essayant de la transformer. À vrai dire,

---

29 Le rapport de Marx avec la philosophie ne peut pas bien sûr être traité minutieusement dans le cadre de cette étude, étant d'ailleurs une question particulièrement stimulante mais compliquée. Voir par exemple les intéressants livres d'Emmanuel Renault, *Marx et l'idée de critique,* PUF, Paris, 1995 et *Marx et la philosophie*, PUF, collection « Actuel Marx confrontation », Paris, 2014, ainsi que les trois volumes de Lucien Sève, *Penser avec Marx aujourd'hui. I. MARX ET NOUS*, Éditions La Dispute, Paris, 2004, *Penser avec Marx aujourd'hui. II. « L'homme » ?*, Éditions La Dispute, Paris, 2008 et *Penser avec Marx aujourd'hui. III, « La philosophie » ?*, Éditions La Dispute, Paris, 2014.

selon cette conception, la théorie et la conscience ne sont pas le reflet et l'aboutissement d'une réalité humaine inachevée, mais elles constituent des incarnations autonomes de la réalité. Il est assez évident que cette approche et conception idéaliste de la philosophie n'est pas compatible, avec celle que Marx développe à partir de l'*Idéologie allemande* à propos de la primauté de l'être social, tant sur la conscience individuelle que sur la conscience sociale[30]. Cela dit, en tant que forme de conscience sociale la philosophie est le produit d'un être social concret et dès le moment, que cet être social reste inachevé ou est en plein déclin, la philosophie est elle aussi inachevée ou en plein déclin. C'est-à-dire qu'elle est constituée par plusieurs formes parfois conflictuelles et hostiles entre elles, puisque chacune d'elles, exprime un horizon très particulier, une certaine « fausse conscience », qui en réalité tente de rationaliser aussi bien que de justifier des intérêts différents et même opposés.

Si on comprend les choses de cette manière, l'ancienne opposition entre la philosophie et la religion n'existe plus, du moment qu'elles sont toutes les deux des formes idéologiques, produites par un certain être social-historique. Dans l'*Idéologie allemande*, Marx va attaquer Stirner parce qu'il considère – il avait déjà fait ce reproche à Bauer et aux autres Jeunes-Hégéliens dans les *Manuscrits de 1844* – l'histoire matérielle comme le fruit de l'histoire idéale et présente comme on l'a mentionné, la philosophie ancienne d'une telle façon que l'intérêt ne se concentre pas sur la relation réelle des anciens avec leur propre monde, mais que sur la philosophie, en écartant ainsi la centralité de modes de vie spécifiques des anciens et de leur histoire.

---

30 Cette idée capitale chez Marx, est pour la première fois exprimée dans l'*Idéologie allemande*, texte écrit en commun avec Engels.

Or, pour Marx les choses se posent différemment. La philosophie antique et plus généralement, l'histoire de la philosophie font partie d'une histoire beaucoup plus vaste et plus dense ou autrement dit, elles font partie d'un processus social-historique réel et c'est la raison pour laquelle, la philosophie ne peut pas formuler toutes les réponses pour l'appréhension de l'être social de laquelle elle découle. En conséquence, la philosophie grecque qui nous intéresse ici se relativise en faisant partie d'une certaine société qui, elle à son tour fait partie du processus historique beaucoup plus vaste de l'humanité. Mais, la philosophie antique est jugée de la sorte à partir de sa propre époque et des critères de ce stade historique ultérieur à elle, qui est d'après Marx supérieur. À savoir que la philosophie grecque est comprise par Marx à partir d'une certaine vision du déploiement du processus historique, et elle est perçue comme la partie d'une totalité très spécifique. C'est par ailleurs une des contributions majeures de la pensée marxienne à la compréhension de l'histoire des sociétés humaines : *elle la conçoit, non comme une entité immuable et figée, mais au contraire comme un processus actif et perpétuel d'auto-production, d'autodifférenciation et d'autodétermination des êtres humains*.

On peut alors s'intéresser au deuxième des éléments qui déterminent la position de Marx par rapport à la Grèce antique, c'est-à-dire à la vision générale du processus de l'histoire, où l'importance est accordée aux rapports de production et aux rapports sociaux, aussi bien qu'à l'apparition de la révolution industrielle. Ce qui nous intéresse par-dessus tout, ce n'est pas quelle lecture peut nous assurer la bonne interprétation de l'œuvre de Marx, mais seulement le fait que le penseur allemand est un des premiers à prendre conscience de l'importance de l'industrie au plan social-historique et d'avoir repensé l'histoire à partir de cette révolution. On est d'avis que cette importance accordée à l'industrie et à la nouvelle science de l'économie politique explique la valorisation théorique de la part de Marx, de l'idée « des forces productives ». Avec l'émergence des rapports capitalistes et industriels, le développement des forces productives et l'effort constant de l'homme de maîtriser la nature entrent dans un niveau complètement différent et cela a comme effet, une nouvelle conception de l'histoire centrée sur ces nouvelles réalités.

L'éclaircissement des rapports de Marx de la maturité avec l'histoire et la société de l'Antiquité grecque doit passer par la compréhension d'un élément très crucial. Du point de vue de la société capitaliste/industrielle et bourgeoise, toutes les autres formations historiques qui l'ont précédé, peuvent être comprises à partir d'une caractéristique, qui assurément varie selon les lieux et le temps. L'ensemble des formations précapitalistes sont fondées sur la *cultivation de la terre* et la *propriété.* Cette vision a deux conséquences au plan théorique : tout d'abord, elle permet de saisir à toute son importance la brèche causée par l'industrie dans l'histoire humaine et secondement, elle facilite le rapprochement dans un plan dialectique entre les formations précapitalistes qui paraissaient avant sans aucun rapport entre elles. De là, pour Marx, la Grèce antique et Rome appartiennent dans la même catégorie historique que les sociétés asiatiques ou les premières communautés germaniques rurales, si on prend comme critère et dénominateur commun leur distance réciproque et abyssale de la société capitaliste[31]. Cette relation n'est pas révoquée du fait que la Grèce et Rome développent la cité et l'espace

---

[31] Voir sur cette question le chapitre, *Formes antérieures à la production capitaliste*, in K. Marx, *Grundrisse, Fondements de critique de l'économie politique*, p. 435-479, volume I, traduit par Roger Dangeville, Paris, Éditions anthropos, Paris, 1969.

urbain, contrairement aux deux autres formations historiques mentionnées, qu'elles ignorent ce développement.

Ce qui nous permet de faire la distinction, c'est ce que Marx dit à propos de ce problème : selon lui, la cité était le lieu de coexistence des grands et des petits propriétaires de terre, dont la propriété foncière se trouvait quand même au-delà de la cité. Il note que même à l'époque de la tyrannie des trente (404-403 avant notre ère), il y avait à Athènes moins de cinq mille citoyens qui ne possédaient aucune terre. Pour Marx, la société grecque est fondamentalement rurale et son idéal, tant dans le domaine de la théorie et de la pensée que dans le domaine de la production est l'autarcie et l'autosuffisance, quelque chose qui s'oppose par exemple à la division du travail en termes modernes. Le commerce et la manufacture, bien qu'ils aient été florissants, ne pouvaient pas renverser cette réalité dominante, et ils étaient considérés comme des activités dévalorisantes. C'était l'agriculture qui dominait la vie des sociétés dans le monde antique. Marx va faire la remarque suivante concernant ce sujet, dans sa critique la plus élaborée de la société capitaliste, celle du *Capital* :

Indépendamment de la configuration plus ou moins développée qu'a prise la production sociale, la productivité du travail demeure cependant liée à des conditions naturelles. Elles peuvent toutes être ramenées à la nature de l'homme lui-même, à des facteurs tels que la race, etc., et à la nature qui l'entoure. Les conditions naturelles extérieures se divisent, économiquement, en deux grandes classes : richesse naturelle en moyens de subsistance, donc fertilité du sol, eaux poissonneuses, etc., et richesse naturelle en moyens de travail, chutes d'eau abondante, rivières navigables, bois, métaux, charbon, etc. Au début de l'ère civilisée, c'est le premier type de richesse naturelle qui déclenche les choses, à un stade plus développé c'est le second. On comparera, par exemple, l'Angleterre et l'Inde, ou encore, au sein du monde antique, Athènes et Corinthe, d'un côté, et les pays riverains de la mer Noire de l'autre[32].

On estime qu'on ne peut pas comprendre le rapport que Marx entretient avec l'Antiquité en tant qu'historien, si on oublie la façon avec laquelle il comprenait la société grecque dans sa totalité. Mais, ces questionnements sont nécessaires pour la compréhension du rapport de Marx de la maturité, aussi avec la pensée grecque. Parce que la thèse de Marx de la maturité est exactement que la philosophie est une forme idéologique parmi d'autres et que la société industrielle est quelque chose de nouveau par rapport à tout ce qui avait précédé. En d'autres mots, la pensée et la philosophie grecques sont l'effet d'une société qui précède la société industrielle, c'est pour cela qu'elles sont soumises à certaines limitations qui caractérisent les sociétés qui préexistent à la révolution industrielle, les sociétés dites rurales.

C'est de ce point de vue que Marx dialogue avec les conceptions économiques des Grecs anciens et principalement avec celles d'Aristote, qui d'ailleurs le considérait comme le plus grand penseur de l'Antiquité. L'auteur du *Capital* rappelle que l'économie politique apparaît dans sa forme systématique que dans l'époque moderne et plus précisément, pendant l'époque des ateliers et des manufactures. Or, tous les jugements que les penseurs grecs portent sur des questions d'économie ou de théorie économique expriment la réalité de l'économie fermée et limitée selon Marx, de la société rurale qui avait comme but principal la simple subsistance et l'autosuffisance[33]. Cela devient plus

---

[32] K. Marx, *Le Capital,* Livre I, p. 574, Chapitre XIV- *La production de la survaleur absolue et relative.*

[33] Pensons par exemple aux *Politiques* d'Aristote et à l'*Économique* de Xénophon.

clair, lorsqu'il s'agit de la question de la division du travail. Tandis que l'économie politique classique[34] comprend la division du travail que dans le cadre du processus industriel et marchand, comme moyen pour la production de plus de produits et de biens, c'est-à-dire comme accumulation de plus-value, les auteurs grecs insistent sur l'être et sur la quantité du bien spécifique qui lui permet d'être une valeur d'usage directe, et aucunement sur sa quantité. Comme Marx note, pour Platon la division et la répartition du travail a lieu non afin d'accumuler des richesses dans le cadre d'une économie marchande, mais parce qu'au sein d'une communauté qui se comprend comme un tout autonome et suffisant à lui-même, il y a plusieurs besoins et également parce que chaque producteur est doté de certaines capacités qui restent tout de même limitées et qui doit les partager avec d'autres producteurs. Citons l'intégralité du texte :

L'économie politique, qui n'apparaît comme une science pour soi que dans la période manufacturière, ne considère la division sociale du travail en général que du point de vue de la division manufacturière du travail, comme un moyen de produire davantage de marchandises avec le même quantum de travail, et donc de rendre les marchandises meilleur marché et d'accélérer l'accumulation du capital. Aux antipodes de cette accentuation de la quantité et de la valeur d'échange, on trouve les écrivains de l'Antiquité classique, qui s'en tenaient exclusivement à la qualité et à la valeur d'usage. La séparation des branches sociales de production a pour conséquence que les marchandises sont mieux faites, que les pulsions individuelles et les différents talents des hommes se choisissent des sphères d'action correspondantes ; sans limitation, on ne fera jamais rien d'important. La division du travail améliore donc le produit et le producteur. Si, à l'occasion, ils mentionnent aussi la croissance de la masse de produits, c'est seulement en rapport avec la plus grande abondance de valeur d'usage. Ils ne pensent pas un seul instant à la valeur d'échange ni à l'abaissement du prix des marchandises. Cette conception de la valeur d'usage domine aussi bien chez Platon, qui traite la division du travail comme fondement de la séparation des différents états au sein de la

---

[34] Adam Smith, William Petty et principalement David Ricardo.

société, que chez Xénophon, à qui son instinct bourgeois caractéristique fait déjà davantage approcher la notion de division du travail au sein de l'atelier. La République de Platon, dans la mesure où la division du travail y est développée comme principe constitutif de l'État, n'est que l'idéalisation athénienne du système égyptien des castes, de la même façon que l'Égypte sert aussi de pays industriel modèle à d'autres de ses contemporains, ainsi par exemple à Isocrate, et conservera cette importance pour les Grecs jusqu'à l'époque de l'Empire romain[35].

Ce qui est tout d'abord intéressant de faire remarquer à propos de ce texte, ce sont les références à certains auteurs grecs de la part de Marx, en vue de soutenir sa thèse concernant les caractéristiques de la pensée sur l'économie et l'organisation de l'économie à l'Antiquité, qui sont surtout Platon, Xénophon et Thucydide. Retenons les éléments les plus importants. Pour Marx, Platon conçoit la division du travail comme la base de la division et de la hiérarchisation sociale et politique de la communauté humaine. Puis, c'est Xénophon celui qui parvient à concevoir même si c'est encore d'une façon vague, la division du travail dans l'atelier. Troisièmement, aux yeux de Marx, la *République* est une expression philosophique et une transposition dans le contexte historique de la cité d'Athènes, du système égyptien des castes. En fait, l'Égypte était un modèle pour certains intellectuels grecs, en ce qui concerne l'organisation de la société et le mode de production économique.

Ensuite, Marx note l'importance que Thucydide accordait à l'idée de l'*autarcie* dans le premier livre de son *Histoire*. Il dit sur ce sujet :

... [« Il savait faire beaucoup de travaux, mais il les savait tous mal »]. En tant que producteur de marchandises, l'Athénien se sentait supérieur au Spartiate, parce que si celui-ci pouvait, dans la guerre, disposer d'hommes, il n'avait en revanche pas d'argent, ainsi que

---

[35] K. Marx, *Le Capital,* Livre I, p. 410-413.

Thucydide le fait dire à Périclès dans un discours où il exhorte les Athéniens à la guerre du Péloponnèse : ceux qui produisent pour eux-mêmes sont davantage prêts à faire la guerre avec leurs corps qu'avec de l'argent ». (THUC[YDIDE], 1. I, c, 141. Cependant, leur idéal, même dans la production matérielle, demeurait αὐτάρκεια [l'autarcie], qui est contraire à la division du travail, car si la division du travail entraîne le bien-être, l'autarcie, elle, donne l'indépendance. On doit mentionner en outre qu'à l'époque de la chute des 30 tyrans, il n'y avait pas plus de 5000 Athéniens sans propriété foncière[36].

Ce que Marx déduit de cet extrait de Thucydide, c'est que le grec valorise l'autarcie comme quelque chose qui provient d'un état de liberté et d'indépendance. Cependant, il ne faut pas oublier que l'autarcie est une notion relative, qui dépend du contexte social-historique. Dans le cas présent, l'auteur du *Capital* veut souligner la différence entre l'idéal autarcique spartiate et celui d'Athènes. Cela dit, l'autosuffisance d'une cité qui se fonde uniquement sur la production agricole et le pouvoir militaire est bien différente d'une cité marchande et ouverte comme Athènes.

Pour revenir à la question du travail, la spécificité de l'ancien mode de production en Grèce quant à Marx consiste en la qualité, donc en la limitation qui provient de cette quête de qualité. Juste quelques lignes plus loin, Marx entame et expose la question de la division excessive du travail dans la Grèce antique. Selon cette conception, on assigne à chaque individu une tâche très spécifique. Plus exactement, il écrit dans sa note en bas de page, en citant Platon et Thucydide :

Platon développe la division du travail au sein de la communauté à partir de la multiplicité des besoins et du caractère unilatéral des

---

[36] *Ibid.*, p. 411-412. On peut retrouver la citation chez Thucydide, *La Guerre du Péloponnèse,* Livre I. I, c. 141, p. 125, texte présenté, traduit et annoté par Denis Roussel, Éditions Gallimard, collection « Folio », Paris, 2000.

*dispositions des individus. Le point fondamental chez lui est que le travailleur doit se conformer au travail et non l'inverse, ce qui est inévitable quand il exerce plusieurs arts à la fois, et donc l'un de ceux-ci à titre de travail annexe. « Car le travail n'attend pas le temps libre de celui qui le fait ; le travailleur doit se tenir au travail, mais pas de manière insouciante. Ceci est nécessaire. La conséquence de cela est donc que l'on fabrique plus de tout, mieux et plus facilement, quand un travailleur ne fait qu'une chose, en fonction de son talent naturel et au bon moment, libre d'autres activités ». (*De Republica*, II, 2e édition Baiter, Orelli, etc.). On trouve des choses semblables chez Thucydide,* ouv. cit., *p. 142 : « L'art de la mer est un art, tout autant qu'un autre, et ne peut être pratiqué à l'occasion, comme un travail annexe ; au contraire, rien d'autre ne doit être exécuté à côté de lui comme travail annexe »*[37].

Mais comment l'autarcie et l'indépendance sont-elles compatibles avec la réalité de l'être social du monde grec ? Comment Marx décrit-il la primauté de la notion de besoin et d'indépendance que l'homme possède au cadre de la cité qui mène à l'esclavage, ou la considération d'une partie des penseurs grecs – comme Platon – du travail manuel comme quelque chose de honteux et pas du tout digne d'un homme libre ? La société grecque avait accordé une grande importance à la qualité du bien résultant du processus du travail, donc elle connaissait partiellement une sorte de division basée sur la spécialisation des tâches au sein du travail. D'ailleurs, Platon fait dire à Socrate la même chose, lorsque ce dernier estime que les citoyens doivent s'adresser aux spécialistes, pour la réalisation d'une œuvre ou d'une tâche.

Néanmoins, on constate que même dans ses textes de maturité, Marx se réfère assez souvent à la pensée grecque, et il lui arrive d'utiliser la Grèce comme comparaison. Il parlera de l'art grec dans la *Contribution à la critique de l'économie politique*, comme l'expression esthétique la plus avancée de l'unité entre forme et contenu, ainsi que dans le

[37] K. Marx, *Le Capital,* Livre I, p. 412.

premier livre du *Capital*, il fera appel à Aristote au sujet de la forme, de la valeur et de la forme-valeur. Selon Marx, Aristote découvre la valeur et la forme-valeur, mais sans pouvoir parvenir aux conclusions qu'il aurait dû y parvenir :

> *Mais ce qu'Aristote ne pouvait pas lire dans la forme-valeur proprement dite, c'est que, sous la forme des valeurs marchandes, tous les travaux sont exprimés comme du travail humain égal, comme du travail valant donc la même chose, et cela parce que la société grecque reposait sur le travail des esclaves, et qu'elle avait donc comme base naturelle l'inégalité des hommes et de leurs forces de travail. Le secret de l'expression de valeur, l'égalité et l'égale validité de tous les travaux parce que et pour autant que ceux-ci sont du travail humain en général, ne peut être déchiffré qu'à partir du moment où le concept d'égalité humaine a acquis la solidité d'un préjugé populaire. Or ceci n'est possible que dans une société où la forme-marchandise est la forme générale du produit du travail, et où donc également c'est le rapport entre les hommes en tant que possesseurs de marchandises qui est le rapport social dominant. Tout le génie d'Aristote éclate précisément dans le fait qu'il découvre un rapport d'égalité au sein de l'expression de valeur des marchandises. C'est seulement l'obstacle historique de la société dans laquelle il vivait, qui l'empêche de déceler en quoi consiste « en vérité » ce rapport d'égalité*[38].

Essayons de voir quelques points généraux concernant cette problématique. Il est clair que Marx reprend cette idée centrale, selon laquelle il comprend la société grecque en relation directe avec la formation de la pensée grecque. Dans ce cas il s'agit d'Aristote, en jugeant que le point de vue des Grecs reste limité, parce que les rapports et les besoins économiques de la société grecque étaient aussi limités à l'époque. Les auteurs grecs antiques jugent du point de vue de l'économie fermée la fonction et le statut de

---

[38] K. Marx, *Le Capital,* Livre I, p. 68. On n'a trouvé qu'une seule étude détaillée à propos de ces deux pages que Marx consacre dans le premier chapitre du *Capital* au problème de la forme, de la valeur et de l'égalité, celle de Cornelius Castoriadis, *Valeur, égalité, justice, politique de Marx à Aristote et d'Aristote à nous*, in *Les carrefours du labyrinthe,* p. 325-413, Éditions du Seuil, collection « Points Essais », Paris, 1978.

l'argent, en ne pouvant pas se concilier avec l'idée que l'argent devient quelque chose de plus qu'un simple moyen d'échange de marchandises : il devient une force presque autonome qui naît continuellement et s'accroît continuellement, autrement dit, il devient capital. Les anciens comprennent ce phénomène qui ne connaissaient qu'à une forme très embryonnaire, comme un abus, un excès d'argent, une sorte de transformation d'un simple moyen ou d'instrument en domination et en même temps, comme un avilissement de la véritable richesse, que du point de vue de l'économie fermée ne peut être basée que sur les biens naturels ou sur les valeurs d'échange.

Platon souhaite également délimiter l'argent au rôle du moyen secondaire d'échange des biens, et Aristote de son côté considère comme rationnelle et naturelle la simple circulation des marchandises (M-A-M), processus pendant lequel l'argent continue d'être un simple moyen, en condamnant la circulation de l'argent en tant que capital (A-M-A) et l'autonomisation de la valeur d'échange en tant que telle. Marx cite l'extrait des *Politiques*, où Aristote fait la distinction entre l'*économique* et la *chrématistique*[39] qui sont équivalentes avec les deux formes de circulation qu'on vient de citer. La chrématistique est jugée par Aristote très négativement, parce que son objectif est en réalité l'expansion de la richesse, à savoir un élargissement sans cesse de la richesse monétaire qui n'est pas compatible avec le principe éthique et économique de l'autarcie naturelle qui existe au sein de la famille. Mais, voyons ce que le philosophe grec dit lui-même sur ce sujet :

---

[39] Voir Aristote, *Les Politiques*, I, 9, p. 115-120, traduit et présenté par Pierre Pellegrin, Éditions GF Flammarion, Paris, 1990. En ce qui concerne le texte de Marx voir *op.cit.,* p. 14, note 21.

Une fois donc la monnaie inventée à cause des nécessités du troc, naquit une autre forme de chrématistique, la forme commerciale, qui se manifesta sans doute d'abord de manière simple, puis, l'expérience aidant, avec plus d'art en cherchant d'où et comment viendrait, par l'échange, le plus grand profit possible. C'est pourquoi ‹les gens› pensent que la chrématistique a principalement ‹rapport› avec la monnaie, et que sa fonction est d'avoir les moyens de faire connaître d'où l'on peut tirer une grande quantité de valeurs : elle ‹semble›, en effet, produire de la richesse et des valeurs[40].

Un peu plus loin, Aristote notait sur la séparation entre la richesse naturelle de l'administration familiale et la chrématistique :

C'est pourquoi on cherche, et c'est à juste titre qu'on le cherche, une ‹conception› différente de la richesse et de la chrématistique. Car la chrématistique diffère de la richesse naturelle : celle-ci concerne l'administration familiale, celle-là le commerce qui n'est pas créateur de valeurs absolument, mais par échange de valeurs. Et elle semble concerner la monnaie, car la monnaie est principe et fin de l'échange. Et cette richesse, qui provient de la chrématistique ainsi ‹comprise›, est sans limites. { ...} Il en est de même pour la chrématistique ‹comprise› : elle n'a pas de but qui puisse la limiter, car son but c'est la richesse et la possession de valeurs. L'administration familiale, par contre, à l'inverse de la chrématistique, a une limite, car ‹ce genre de richesse› n'est pas l'objet de l'administration familiale[41].

Si de l'autre côte, Aristote prône l'économique, la raison principale est que la véritable richesse consiste aux valeurs d'échanges, c'est-à-dire que la vraie richesse est comprise sur les critères de l'économie fermée et de « *l'administration familiale naturelle* ».

L'intensité de l'opposition ouverte d'Aristote à l'économie commerciale ouverte est plus manifeste du fait qu'il connaît, comme d'ailleurs Marx lui-même le note dans le

---

[40] Aristote, *op.cit.*, p. 117.
[41] *Ibid.*, p. 118.

Capital, la double valeur de chaque marchandise, c'est-à-dire la valeur d'usage et la valeur d'échange. Or, la condamnation aristotélicienne de la chrématistique est équivalente à une négation de toute autonomisation de la valeur d'échange en tant que telle. Cependant, la condamnation éthique de la chrématistique est dépendante de la condamnation de l'usure, laquelle selon Aristote et comme de nouveau Marx note, n'est que la chrématistique appliquée à la circulation de l'argent. Il est connu que la condamnation de l'usure et du prêt avec intérêt persiste avec la même intensité dans la littérature et la pensée politique et théologique du Moyen Âge et cela montre la pertinence de l'opinion de Marx qui souligne la continuité idéologique et économique des formations qui ont précédé le capitalisme.

Pour essayer de conclure en ce qui concerne Aristote, l'insistance sur les réalités de l'économie fermée et sur l'importance accordée à la qualité, à celle qui accorde une considération aux valeurs d'échange tangibles et bien différentes entre elles-mêmes, sans annuler l'élément général qui constitue chaque valeur, indépendamment de sa manifestation qualitative, empêche, selon Marx, Aristote de saisir et de conceptualiser la loi de la valeur, à savoir le travail humain en tant que tel, en son sens général et abstrait, comme mesure ultime de la valeur de chaque objet produit. Ce travail abstrait ne se manifeste pas par lui-même, mais par son contraire, à savoir chaque travail spécifique qui est nécessaire pour la production de chaque objet. Bien qu'il ait un « air » social, puisque la quantité de travail abstrait qui existe dans un produit lui accorde une valeur et rend en même temps son échange avec un autre produit possible et la création des rapports sociaux, ce travail est accompli à travers un travail individuel et personnel. Donc, derrière chaque travail personnel et qualitativement spécifique et concret, il y a le travail abstrait et universel. C'est ce travail qui crée la mesure, qui permet la réduction des objets qualitativement différents à un dénominateur commun, afin que le calcul de leur valeur et de leur échange soit possible.

Aristote comprend que cette référence à un troisième élément est nécessaire, pour qu'une équivalence d'échange s'établisse, mais il ne peut pas dire quel est cet élément et ne pense pas du tout que cela puisse être le travail au sens abstrait. Marx explique cette vision d'Aristote comme on l'a déjà cité, par le fait que la société grecque était fondée sur l'esclavage. Si on se souvient de l'extrait de Marx, on voit qu'il compare le libéralisme économique et politique, qui dans sa forme la plus mature s'exprime par John Locke, Bernard Mandeville, David Hume et l'économie politique classique (surtout Adam Smith) et qui constitue théoriquement la société en commençant par la représentation d'un marché où les individus qui participent apparaissent en tant que producteurs individuels égaux et pareils les uns avec les autres, afin d'échanger leurs propres produits, avec la société grecque de l'Antiquité où l'inégalité donnée des êtres humains est compatible avec l'économie fermée et la primauté des valeurs d'usage, par rapport aux valeurs d'échange.

C'est précisément cette différence entre le modèle capitaliste-libéral et le modèle grec – différence qui dépend étroitement de la différence historique entre la société industrielle et les sociétés préindustrielles – qui permet à Marx d'échapper à une erreur très répandue à son époque, celle de déduire et de mettre dans le même plan la démocratie athénienne et la démocratie à sa version moderne et parlementaire. Marx connaissait très bien que l'utilisation et la référence idéologique à des archétypes et paradigmes idéalisés de l'Antiquité avaient joué un rôle considérable dans les conflits sociaux de l'époque moderne, comme il le notait dans les premières pages de son livre *Le 18 brumaire de Louis Bonaparte*[42]. D'un autre côté, il ne prend pas les positions idéologiques à la lettre, mais réduit et dissocie la conception du passé historique comme le rendent obligatoire telles ou telles positions idéologiques d'une structure de pouvoir à une société donnée qui n'existe plus. Le retour de l'idéal de la Grèce antique et des modèles démocratiques apparaît comme une énorme plaisanterie puisque comme Marx dit, l'histoire se répète toujours comme une farce. Ces sortes de retours ont eu lieu, afin de donner une grandeur et une justification à tout ce qui plus tard a été bien compris, comme une réalité et une formation historique bourgeoise, ainsi que comme une forme de domination politique très concrète. C'est pour cela que les références à la démocratie athénienne ont petit à petit

---

[42] Le passage dont on parle est le suivant : « *Une fois réalisée la nouvelle forme de la société, les colosses antédiluviens disparurent et, avec eux, les reconstitutions empruntées à Rome, les Brutus, les Gracchus, les Publicola, les tribuns, les sénateurs et César lui-même. La société bourgeoise, pratique et réaliste, s'était créé ses vrais interprètes, ses véritables porte-parole, dans la personne des Say, des Guizot, des Royer-Collard, des Benjamin Constant, des Cousin ; ses capitaines réels siégeaient derrière les comptoirs, et son chef politique, c'était Louis XVIII, cette « tête de lard ». Entièrement absorbée par la production de la richesse et la lutte pacifique de la concurrence, elle ne se rendait plus compte que les ombres romaines avaient veillé sur son berceau. Mais, bien que cette société bourgeoise n'eût rien d'héroïque, il n'en avait pas moins fallu l'héroïsme, l'abnégation, la terreur, la guerre civile, les batailles des nations pour la mettre au monde. Et ses gladiateurs, trouvèrent, dans les austères traditions classiques de la République romaine, les conceptions idéales et les formes d'art dont ils avaient besoin pour se dissimuler à eux-mêmes le fond bourgeoisement étroit de leurs luttes et maintenir leur passion à la hauteur de la grande tragédie historique* », in K. Marx, *Le 18 brumaire de Louis Bonaparte*, p. 173-174, traduit par Léon Rémy et Jules Molitor, Éditions La Table Ronde, Paris, 2001.

disparu, lorsque la classe bourgeoise avait trouvé son propre langage théorique et sa propre expression idéologique.

Dans ce premier moment de notre texte, on a plutôt essayé de montrer les points essentiels de la relation intellectuelle entre Marx et la Grèce antique, que de prendre une position de jugement direct sur ce que le penseur communiste en avait dit, chose qui demanderait un travail beaucoup plus élargi sur ce sujet. Pour conclure, avant de commencer la partie concernant le livre de De Ste. Croix, on voudrait dire très brièvement quelques mots sur les rapports de certains penseurs marxistes avec la culture et l'histoire grecque et de citer certains travaux significatifs.

Tout d'abord, on sait qu'Engels était un très bon connaisseur du grec ancien et qu'il avait écrit des courts poèmes lorsqu'il était lycéen en grec ancien. D'ailleurs, il avait consacré un chapitre sur la démocratie et la cité athénienne dans son livre *L'origine de la famille, de la propriété privée et de l'État* (1884)[43]. De plus, Engels considérait les Grecs comme des maîtres eu égard au matérialisme et il les désignait en tant que « merveilleux dialecticiens » qui dépassaient même les contemporains, comme il dit dans la *Dialectique de la nature* : « *les résultats colossaux* auxquels parviennent déjà les Grecs, résultats qui anticipent de *loin* sur la recherche » (c'est Engels qui souligne)[44]. L'intérêt des penseurs marxistes au sujet de la philosophie et de la société grecque ne s'arrête

---

[43] Friedrich Engels, *L'origine de la famille de la propriété privée et de l'État*, traduit par Jeanne Stern et Émile Bottigelli, Éditions Sociales, Paris, 1972. Plus spécifiquement, les chapitres auxquels on se réfère s'intitulent : *La gens grecque* (p. 107-116) et *Genèse de l'État athénien* (p. 117-127).

[44] F. Engels, *Dialectique de la nature*, p. 179, traduit par Émile Bottigelli, Éditions Sociales, Paris, 1968.

pas à Marx et à Engels, mais il y a par exemple le livre de Paul Nizan, *Matérialistes de l'Antiquité* (1936), mais aussi les deux volumes de Ferdinand Lassalle consacrés à Héraclite qui susciteront pourtant les sarcasmes de Lénine, qui avait lui aussi une solide connaissance du grec ancien et de la pensée antique. La référence à la Grèce antique pendant le 19ème et le début du 20ème siècle signifie plus concrètement, l'imprégnation et l'influence de l'hégélianisme sur la pensée révolutionnaire pendant cette période et la proposition d'un idéal de rationalité, opposé et hostile au Moyen Âge, au romantisme et au conservatisme absolutiste autant que petit-bourgeois. On peut finalement mentionner dans un contexte plus récent, le philologue marxiste, George Derwent Thomson qui a rédigé d'importants travaux sur l'Antiquité grecque[45].

Après avoir essayé d'expliquer certains aspects du rapport multiple de Marx avec la pensée et l'histoire grecque, on va passer à la partie suivante de notre travail, qui portera sur le livre de De Ste. Croix, *La lutte des classes dans le monde grec antique* et sur le rôle des concepts marxiens à la compréhension de l'histoire grecque.

[45] Citons à titre indicatif ces deux livres : *Studies in Ancient Greek Society* (1949) et *Aeschylus and Athens : A study in the social origins of drama* (1968).

Deuxième partie :

« *La lutte des classes dans le monde grec antique* »
de G. E. M. de Ste. Croix

Tout d'abord, G.E.M. de Ste. Croix a publié son livre *La lutte de classes dans le monde grec antique*[46] en 1981. Étant donné que les pages du livre dépassent les sept cents, on va limiter notre travail plutôt aux points auxquels de Ste. Croix essaie de mettre en évidence l'importance de la pensée marxienne pour la compréhension de l'univers social-historique de l'Antiquité grecque. Ceci devient clair dès la première phrase de l'introduction du livre :

> *Mon but général dans ce livre est premièrement (dans la Première partie) d'expliquer, et deuxièmement (dans la Deuxième partie) de montrer concrètement l'utilité de l'analyse marxienne générale pour l'étude du monde grec antique (tel que je le délimite dans le deuxième sous-chapitre de ce chapitre). Marx et Engels ont contribué avec plusieurs façons au développement de la méthodologie historique et ont donné une série d'outils qui peuvent être utilisés avec succès par l'historien et le sociologue. Mais, moi je concentrerai mon attention à un de ces outils, dont je crois qu'il est le plus important et le plus fructueux pour la compréhension et l'interprétation des événements et des développements historiques spécifiques : je vais dire, le concept de la* classe *et* de la lutte des classes (c'est nous qui soulignons)[47].

Il peut être intéressant de regarder de plus près ce livre, puisque son auteur tentera d'interpréter une grande partie de l'histoire sociale et économique de l'Antiquité grecque, en partant non simplement de Marx et d'une utilisation pure et nette de la méthode marxienne, mais des concepts centraux de la pensée marxienne, tels que la *classe*, la *lutte des classes* et comme on va voir, l'*exploitation*. La diversité des

---

[46] On est obligé de travailler et de citer à partir de la traduction du livre en grec moderne, puisqu'il n'y a pas de traduction de l'ouvrage en français : *Ο ταξικός αγώνας στον αρχαίο ελληνικό κόσμο. Από την αρχαϊκή εποχή ως την αραβική κατάκτηση*, traduit par Giannis Kritikos, Éditions Rappa, Athènes, 1997. Ainsi, on est conscient des erreurs qu'il peut y en avoir, en sachant qu'il s'agit de la traduction d'une autre traduction.

[47] G. E. M. de Ste. Croix, *La lutte des classes dans le monde grec antique*, p. 23 et notre traduction.

thèmes et du contenu sont assez considérables. De Ste. Croix parlera de l'époque des tyrans, de l'avènement de la démocratie pendant le sixième et le cinquième siècle avant notre ère, du déclin de ce régime politique, de la République, de l'Empire Romain, de la conquête romaine du monde grec et de la lutte des corps et des ordres sociaux (« *ordines* »). En outre, comme il dira il s'agira de comprendre la lutte des classes dans le domaine idéologique. Plus précisément, de Ste. Croix s'interrogera sur le rôle et la place de la propagande et des intellectuels dans les antagonismes sociaux et politiques dans le monde grec, ainsi que sur la théorie de l'esclavage, de théories qui ont été développées à ce sujet au sein du monde grec tout au long de ses phases successives, l'idée que les Romains et les premiers chrétiens se font de la propriété et de l'esclavage. Il s'intéressera également au déclin de l'Empire romain, à l'installation des « Barbares » à l'intérieur de l'Empire et à l'exploitation des classes inférieures pendant les trois premiers siècles de la période chrétienne.

Néanmoins, ce qui va nous intéresser le plus va être la dernière partie de *l'Introduction* (pages 43-56) et le deuxième chapitre de la première partie du livre, *Classe, Exploitation, et Lutte des classes* (pages 57-139). On estime que c'est la partie la plus intéressante en ce qui concerne les questions de méthode et qui est la plus proche du propos et de la problématique de notre travail. De plus, il serait très difficile d'entrer dans les détails et les questions historiques, puisqu'elles nous amèneraient très loin de notre interrogation principale.

Ainsi, on aimerait commencer par le premier chapitre dans lequel de Ste. Croix traite systématiquement des questions concernant Marx, le rapport de sa pensée et de l'utilité aussi bien que de la pertinence de sa théorie pour la compréhension de l'Antiquité. Son titre est : « *La pertinence de la méthode de Marx pour l'étude de l'histoire ancienne*[48]. Ayant déjà parlé du rapport personnel et intellectuel de Marx avec la pensée et la société grecque, on doit laisser à côté les remarques faites par de Ste. Croix dans les premiers paragraphes de l'Introduction, mais également le petit résumé que l'auteur présente au sujet des influences possibles des historiens, sociologues et anthropologues exercées par la pensée marxienne ou marxiste.

De Ste. Croix précise explicitement que l'intérêt qu'il porte à Marx consiste à une perception du penseur allemand beaucoup plus globale et générale : il s'intéresse à Marx, pas en tant qu'historien d'une certaine époque, « *mais en tant que sociologue de l'histoire, en tant que l'homme qui a proposé une analyse de la structure de la société humaine dans ses phases successives, une analyse que d'une façon éclaircit à chacune de ces phases – tant le monde grec ancien, que le 19ème et le 20ème siècle* »[49].

Ce qui est nécessaire de noter, c'est le fait que de Ste. Croix ne se borne pas à une application de sa conception de Marx à l'histoire de l'Antiquité, mais il se positionne par rapport à des questions et des problèmes cruciaux pour la méthode et la philosophie marxienne. Dans un premier temps, de Ste. Croix attaque une idée très répandue en ce qui concerne la pensée de Marx qui consiste à diminuer et à réduire sa pensée à un « matérialisme » et à un « déterminisme économique ». Cette conception était très dominante avant même que de Ste. Croix rédige son livre,

---

[48] *Ibid.*, p. 43.
[49] *Ibid.*, p. 50.

en France dans des milieux d'extrême gauche, mais aussi parmi des intellectuels ralliés au libéralisme[50].

De Ste. Croix remarque justement que la méthode historique et philosophique fondée par Marx n'a jamais eu le nom de « *matérialisme dialectique* ». Cette appellation de la pensée et de l'interprétation de l'histoire marxienne a été donnée par Engels après la mort de Marx au sein de l'effort du premier d'aboutir à une systématisation de la pensée du premier. Marx n'a jamais – sauf erreur de la part de De Ste. Croix et de notre part – parlé de concept de matérialisme dialectique, mais simplement de celui de « matérialisme historique »[51]. Engels avait parlé de matérialisme

---

[50] Une critique faite à la pensée marxienne par un dissident du parti communiste grec et fondateur du groupe *Socialisme ou Barbarie*, à la philosophie marxiste de l'histoire et au « déterminisme économique » de Marx avec des remarques intéressantes, mais qui selon nous n'est pas très pertinente, puisque l'auteur construit une image de Marx très facile à être attaquée et démolie, c'est celle de Cornelius Castoriadis dans *L'institution imaginaire de la société* (Éditions du Seuil, Paris, 1975), dans la première partie de l'ouvrage. On trouve la critique menée par Jean Baudrillard dans son livre *Le miroir de la production*, (Éditions Galilée, 1981) bien plus intéressante, étant donné que l'auteur insiste beaucoup plus sur la logique de l'économie politique.

[51] Georg Lukács avait fait la remarque suivante concernant cette question : « *Marx, à ma connaissance, n'a jamais employé l'expression « matérialisme dialectique ». Il mentionne, bien sûr, la méthode dialectique, tandis que l'expression « matérialisme historique », qui apparaît fréquemment, en particulier chez Engels, concerne toujours la théorie dans sa totalité et ne signifie jamais une « application » spécifique au « domaine » de l'histoire comme sphère particulière. Pour Marx, qui voyait dans l'histoire le principe moteur universel de tout être, le seul terme « application » aurait déjà contredit ses principes fondamentaux. Lorsqu'il parle, donc, de processus historique, il entend normalement par là le processus général irréversible de l'univers à partir duquel, dans des circonstances déterminées (en dernière analyse aussi contingentes), la période historique de l'homme, du travail, de la société, etc. commence à se développer en tant qu'un nouveau mode de l'être* », in Georg Lukács, *Prolégomènes*

dialectique et il paraît que c'était Plekhanov, qui a le premier utilisé d'une façon plus systématique la notion de matérialisme dialectique, le penseur marxiste russe le plus influant après la mort d'Engels et jusqu'à la Première guerre mondiale et qui déterminera la pensée de Lénine, qui à son tour fera cette conception de matérialisme dialectique le centre de la pensée de Marx[52], et un des noyaux du marxisme-léninisme.

Mais, le matérialisme de Marx subit plusieurs transformations au cours de son itinéraire intellectuel, et ce qui est le plus important est que la dialectique marxienne n'a jamais été un pur et simple matérialisme qui écarte la signification des « idées » de l'être social. Tout au contraire, Marx et Engels rompent avec leur propre pensée lorsqu'ils rédigent l'*Idéologie allemande* en essayant de comprendre et d'éclaircir le rôle des idées et de la conscience à la formation de la conscience sociale et de l'être humain. Afin de comprendre que Marx ne sous-estime en aucun cas, l'importance des idées dans le processus historique, on peut lire par exemple *Le 18 Brumaire de Louis Bonaparte* et *Les luttes de classes en France*. Il est certain que Marx à partir des *Manuscrits de 1844* entre en discussion, principalement avec l'économie politique, un dialogue qui aboutira à la rédaction des *Grundrisse*, du *Capital* et des *Théories sur la plus-value*, mais il reconnaissait toujours avec Engels que les idées

---

à l'ontologie de l'être social, p. 356, traduit par Aymeric Monville et relu par Didier Renault, Éditions Delga, Paris, 2009.

52 Sur ce sujet voir le texte de Lénine, écrit avant la Révolution russe en 1909, *Les trois sources de la pensée de Marx*, in *Sur Marx et Engels*, Éditions du Progrès, Moscou, 1977.

pèsent énormément sur les combats politiques et les conflits sociaux[53].

Pour revenir à notre thématique, de Ste. Croix continue avec la question « du déterminisme économique ». Cette idée de « déterminisme économique » a conduit à une réception et à une compréhension de la pensée de Marx, comme s'il s'agissait d'un dogme ou d'une autre idéologie parmi les autres, qu'un pouvoir politique utilise pour s'établir et se maintenir. Pourtant, l'œuvre de Marx ne se réduit pas à l'étude de l'économie et du *capitalisme*, comme il écrivait, puisque le terme « capitalisme » était utilisé après sa mort –, mais elle consiste à un croisement de la philosophie, de l'histoire, de la politique, de la théorie et de l'histoire de l'économie politique. Par exemple, lorsque Marx étudie *« la marchandise »* dans le premier livre du *Capital*, il l'analyse aussi du côté et de la place que cet objet occupe au niveau imaginaire et au niveau de la conscience collective et individuelle et des liens qu'il constitue son utilisation au sein de la société bourgeoise, en parlant du « *caractère fétiche de la marchandise* ». C'est-à-

---

[53] Du côté d'Engels, voir son texte *La guerre des paysans*, où il parle longuement du rôle des hérésies religieuses et de leurs idées dans le monde médiéval en Italie, en Europe centrale (Saint-Empire, Hongrie) et en France en tant que pôles et formes de contestation du régime et de l'ordre social, politique et ecclésiastique, mais surtout la querelle de Martin Luther et de Thomas Müntzer à travers une explication des opinions de chacun, et en partant de la place du groupe social que tous les deux exprimaient dans le conflit social de l'époque et dans la formation sociale particulière. D'après son explication, Luther était le représentant des premiers éléments bourgeois de la nation allemande, tandis que Müntzer était un précurseur des idées communistes, du prolétariat industriel et paysan à la sortie du Moyen Âge, sous le voile d'un mysticisme religieux (voir *La guerre des paysans en Allemagne, Notes pour la « Guerre des paysans », La décadence de la féodalité et l'essor de la bourgeoisie*, traduit et entièrement revu par Émile Bottigelli, Éditions Sociales, Paris, 1974).

dire qu'il essaie de comprendre la mutation provoquée par la marchandise à la conscience au niveau symbolique et la mystification idéologique qu'elle cause, sans se restreindre à un discours purement économique. À vrai dire, Marx attribuait une importance presque équivalente aux autres facteurs de la vie sociale qu'au facteur économique. De Ste. Croix tente de débarrasser d'une certaine façon Marx et Engels de cette accusation, dont Engels se rendra compte vers la fin de sa vie. Il note sur cette question :

> *Le prétendu économisme de Marx n'est rien de plus que sa conviction que de tous les éléments qui sont actifs dans le processus historique, « les rapports de production » (comme Marx les appelait), c'est-à-dire les rapports sociaux auxquels les hommes parviennent pendant le processus de production, ce sont les facteurs les plus importants dans la vie des hommes et tendent en longs termes de déterminer les autres facteurs, bien que, assurément, les autres facteurs, même les proprement idéologiques, puissent de temps en temps jouer à leur terme une influence décisive dans tous les rapports sociaux. Dans cinq lettres qu'Engels avait écrites entre 1890 et 1894, tandis qu'il admet que c'était l'erreur à lui-même et à Marx, une insistance excessive inévitable qui ont accordé au côté économique de l'histoire, il accentue qu'ils n'avaient jamais l'intention de sous-estimer le rôle enchevêtré du facteur politique, religieux, et des autres éléments idéologiques, bien qu'ils considèrent l'économique comme le plus important. (Les lettres datent du 5 août, 21 septembre et 27 octobre 1890, 14 juillet 1893 et 25 janvier 1894)*[54].

Cette idée note de Ste. Croix, peut être aussi retrouvée dans les écrits de jeunesse de Marx et plus spécifiquement, dans sa *Contribution à la Critique de « Philosophie du Droit » de Hegel* (1843), un texte décisif pour le développement de sa pensée et dans lequel plusieurs thématiques sont traitées, puisque Marx commence à penser sous l'influence des idées révolutionnaires et communistes de son époque, du travail philosophique et politique qu'il faut

---

[54] *Ibid.*, p. 51.

mener, afin que le prolétariat soit émancipé et surtout parce que selon lui, il s'agira dès maintenant d'entreprendre un travail philosophique et théorique en termes principalement *historiques*.

En ce qui concerne maintenant la question de l'impact de l'histoire sur les idées et sur ce texte, de Ste. Croix cite le passage dans lequel Marx dit que si une force matérielle peut être vaincue seulement par une autre force matérielle, la théorie peut devenir elle aussi à son tour une force matérielle, lorsqu'elle est appropriée par les masses. Autrement dit, la question traitée ici par de Ste. Croix, c'est l'idée de la *nécessité* dans l'œuvre de Marx, idée que ses nombreux adversaires et critiques associent à son prétendu économisme et déterminisme. On doit néanmoins dire que cette idée de nécessité chez Marx coexiste avec celle de liberté. De Ste. Croix remarque que la façon de s'exprimer de Marx, peut nous faire penser au fait que les hommes sont régis par des nécessités historiques insurmontables qui sont en-dehors de leur contrôle, quand par exemple il parle dans le *Capital* « *des lois naturelles de la production capitaliste* » en tant que « *tendances qui agissent et s'imposent avec une nécessité de force* ». Or, de Ste. Croix souligne que ces expressions sont rares : « *Elles proviennent d'une conception des événements historiques selon laquelle un grand degré de possibilité devient pour un instant acceptable en tant que certitude. En réalité, il n'y a littéralement rien de « déterministe » dans la théorie de Marx de l'histoire* »[55].

Pour conclure en ce qui concerne son introduction, de Ste. Croix fait une comparaison très intéressante. Il parle de la pensée de Thucydide et de Marx et de leur rapport à la question du déterminisme. Selon de Ste. Croix, Thucydide

---

[55] *Ibid.*, p. 52.

peut être utile afin de comprendre la conception historique de Marx, puisque l'historien grec se réfère souvent à ce qu'il appelle la « nature humaine », en nommant les différents types des comportements humains au niveau individuel, mais surtout au niveau collectif, au niveau des groupes humains, des groupes qui agissent en tant qu'ensembles organisés et dont leur comportement peut être plus prévisible, beaucoup plus d'un être individuel, à travers le travail de l'historien.

La thèse de Thucydide consiste à dire, selon la lecture de l'historien britannique, qu'il soit possible de prévoir le comportement des groupes sociaux et des collectivités humaines, sans quand même une certitude absolue, puisqu'il y a toujours le facteur de la « chance » (« *ἡ τύχη* »), ou en d'autres termes des facteurs imprévisibles[56]. Le point en commun que les deux auteurs semblent partager, c'est que l'homme se trouve dans un rapport d'interdépendance avec la société et son entourage, bien qu'il puisse prendre des décisions libres – jusqu'à un certain degré – concernant son propre être.

Cela dit, l'homme est obligé d'entrer dans des situations que lui-même n'avait pas choisies d'avance et qu'il ne choisirait pas s'il était libre. Il faut aussi qu'on se souvienne de l'extrait de l'*Idéologie allemande*, dans lequel Marx conçoit l'homme très nettement comme le résultat de ses rapports de production et non simplement et uniquement, comme la totalité de ses décisions prises. Cette méfiance de

[56] La phrase exacte de l'historien athénien est la suivante : « *C'est la raison pour laquelle nous avons coutume, chaque fois que nous éprouvons un mécompte, de nous en prendre au sort* » (« *δι'όπερ καί τήν τύχην, όσα αν παρά λόγον ξυμβή, ειώθαμεν αἰτιᾶσθαι* »), in Thucydide, *op.cit.,* Livre I, c. 140, p. 123. On pourrait traduire « *παρά λόγον ξυμβή* », comme ce qui arrive contre la raison ou contre le calcul humain.

Marx à l'égard du concept de la liberté était peut-être l'aboutissement de sa critique et de son opposition à la métaphysique et à la tendance des philosophes de former des concepts indépendamment de l'être social et restant cantonnés très souvent à une vision contemplatrice du monde. Pour Marx, comme de Ste. Croix cite : « *Les hommes créent leur propre histoire, mais ils ne la créent pas comme ils veulent, pas dans les conditions qu'eux-mêmes ont choisies, mais dans des conditions qui existent directement, qu'elles sont données et qu'elles ont été hérédités par le passé* »[57]. Ainsi, dans cette perspective, Thucydide et Marx partagent l'idée que l'homme bien qu'il ne soit pas enchaîné par une force toute-puissante (par exemple Dieu), il agit dans des conditions déjà données. C'est-à-dire que l'homme ne peut pas créer du néant, *ex nihilo*, mais qu'il se trouve dans une situation de rapport direct avec le monde qu'il doit transformer. On constate que de cette façon Marx attaque la théorie du libre arbitre, qui a joué un rôle primordial dans la pensée occidentale.

En allant un peu plus loin que le propos de l'ouvrage, il est important de noter le rapport de cette conception de l'homme et de sa liberté chez Marx avec la pensée de Baruch Spinoza, qui concevait la liberté à travers le prisme de la *compréhension*, lorsqu'il écrivait que « *pour ma part, ces troubles ne m'incitent ni au rire, ni, non plus, aux larmes ; ils m'engagent plutôt à philosopher et à mieux observer ce qu'est la nature humaine* »[58]. Selon cette conception, que Marx dans ses écrits de maturité suit également, la liberté est la compréhension de la nécessité.

---

[57] L'historien britannique cite *Le 18 Brumaire de Louis Bonaparte* de Marx.

[58] Baruch Spinoza, *Correspondance*, Lettre XXX à Henri Oldenburg, p. 1175 in *Œuvres complètes*, traduit par Madeleine Francès, Éditions Gallimard, Bibliothèque de la Pléiade, Paris, 1954.

De son côté, Thucydide voulait à travers l'histoire et la reconnaissance des caractéristiques et des comportements humains qui reviennent dans le processus historique, que son écrit historique reste un « *capital impérissable* » (« *κτῆμά τε ἐς αἰεὶ* »)[59] et que ses lecteurs puissent éviter éventuellement à travers leur propre action, les erreurs du passé avec l'aide de son prisme et de sa méthode historique. La nécessité et la liberté chez Marx et aussi chez Engels[60] sont alors profondément associées et elles ne sont pas de notions simplement opposées l'une à l'autre[61].

---

[59] Thucydide, *op.cit*, I. 22.4, p. 48.

[60] F. Engels, voir *Anti-Dühring* et la *Dialectique de la nature*.

[61] En partant de ce point commun entre le matérialisme historique et Thucydide, on aimerait mettre brièvement en évidence une autre affinité entre ces deux visions de l'histoire humaine. Thucydide, comme une lecture attentive du premier livre de son histoire peut l'affirmer, accorde une importance capitale au facteur économique dans l'expansion maritime sans précédent de la démocratie athénienne et l'instauration d'une hégémonie politique et militaire contrôlant la plus grande partie de la mer Égée, surtout pendant la seconde moitié du 5ème siècle avant notre ère. Par ailleurs, d'après Thucydide cette politique de la cité d'Athènes était la raison principale pour le déclanchement de la Guerre du Péloponnèse. De là, comme chez Marx et Engels, chez Thucydide l'histoire humaine et par conséquent la guerre, a affaire à des facteurs matériels et non simplement à un conflit au niveau des idées, mais à une quête perpétuelle pour l'acquisition des ressources et pour l'approvisionnement des biens, choses accomplies par l'intermédiaire de la violence. Bien plus, le premier livre de l'histoire de Thucydide, met en relief certains éléments qu'on doit évoquer, afin que notre argument soit compris. Tout d'abord, Thucydide s'intéresse aux différentes dominations qui ont existé dans le monde grec, à partir de l'époque de la guerre de Troie et notamment de l'hégémonie maritime de Minos et jusqu'à l'apogée de la thalassocratie athénienne. En d'autres mots, il comprend l'histoire grecque à travers la genèse, l'avènement, le déclin, c'est-à-dire la succession des pouvoirs, qui se fondent principalement sur le contrôle de la mer. Ensuite, il associe l'accroissement du pouvoir politique et territorial, à l'accroissement

Néanmoins, on souhaite faire une parenthèse et voir de plus près le rapport entre liberté et nécessité (*Freiheit-Notwendigkeit*). Indépendamment de la conception de Marx à ce sujet, dans la philosophie classique, il y a deux traditions qui s'opposent l'une à l'autre. La première tradition – ses plus éminents représentants sont Erasme et Descartes – attribue la nécessité à tout ce qui est naturel et réserve la liberté à l'activité humaine et plus précisément, à la capacité de celle-ci de s'opposer à la nature, à sa propre nature, de la modifier, de la transformer, une activité humaine qui relève d'un ordre différent à celui de la nature. D'ailleurs, Descartes considérait l'homme comme le seul être libre dans la nature et le monde comme une machine, en incluant dans cette machine les animaux.

Cette tradition va s'accomplir d'une façon avec Emmanuel Kant, qui va faire le partage entre ce qui est soumis dans les deux notions fondamentales du *temps* et de l'*espace* aux déterminations causales ou phénoménales, et ce qui par sa propre initiative est une puissance de commencement d'une série d'action qui ne relève que de la

---

des richesses. En fin de compte, il ne reconnaît pas comme cause du développement d'un pouvoir, les capacités ou la bravoure d'un seul individu, mais il examine des facteurs tels que le commerce, la piraterie, le manque d'argent, les mouvements de populations et le rôle central de la navigation et de l'hégémonie maritime dans l'histoire (voir sur ces thématiques les paragraphes 1-20 du premier livre de la Guerre du Péloponnèse). Ainsi, l'auteur athénien devient le premier à introduire une conception avant Marx et Engels – conception très proche à celle de leur matérialisme – qui consiste à concevoir l'histoire comme une lutte entre des groupes politiques et militaires, fondée sur des intérêts économiques et sur la nécessité à laquelle un groupe social se heurte de protéger et d'augmenter sa prospérité économique et matérielle, aussi bien que son pouvoir politique aux dépens d'un autre groupe, intérieur ou extérieur. À notre connaissance, ni Marx ni Engels n'ont pas perçu cette dimension de l'œuvre de Thucydide.

volonté morale, de l'obéissance à la loi morale intérieure de chaque être humain, afin de réaliser le règne intelligible de la liberté dans le cadre de l'État de droit. L'autre courant de pensée, qui a ses origines philosophiques au stoïcisme antique, s'oppose à ce partage et cette séparation en deux ordres ou deux niveaux de réalité. La réalité humaine fait partie de l'ordre naturel et elle ne s'y oppose pas. L'homme fait partie de la nature (*φύσις*). Beaucoup plus tard, Spinoza va reprendre la question de la liberté et de la nécessité surtout dans son *Éthique* où il critiquera comme le feront également les matérialistes et Hegel, la croyance au « libre arbitre » en disant que « *les hommes se croient libres pour la seule raison qu'ils sont conscients de leurs actions et ignorants des causes par lesquelles ils sont déterminés* »[62].

Pour Hegel, qui entre en plusieurs niveaux dans un dialogue constant avec Spinoza et avec les deux traditions qu'on vient de décrire en peu de mots, mais tout en les critiquant en même temps, la liberté est la compréhension de la nécessité. Hegel dissocie la question de la liberté de la question de la potentialité, de faire ou de ne pas pouvoir faire quelque chose et il la conçoit comme une action raisonnable rendue possible par la connexion interne de moments qui ne sont plus arrachés à leur totalité, mais compris dans leur concrétude, comme moments de réalisation de cette action dans la nature elle-même, moments de constitution de « *l'empire de la liberté réalisé, le monde de l'esprit produit comme seconde nature à partir de lui-même* »[63]. Cette liberté se réalise à travers l'État et la société civile qui font partie de l'esprit objectif, État et société civile qui réalisent également, selon Hegel, la

---

[62] B. Spinoza, *Éthique*, in *op.cit.,* p. 418.
[63] G.W.F Hegel, *Principes de la philosophie du droit,* § 4. p. 57, traduit par André Kann et préfacé par Jean Hyppolite, Éditions Gallimard, Paris, 1940.

communauté et au sein de laquelle la raison consciente s'impose aux puissances nécessitantes des passions humaines.

Marx à son tour va continuer cette discussion, en la transformant et en la renouvelant. Sa critique consiste en un rejet complet d'un individu doté d'une liberté d'indifférence, ou d'une fondation transcendantale du processus historique dans le principe « humaniste » d'une volonté inconditionnée et du libre arbitre. L'auteur du *Capital* s'oppose à la notion de liberté, telle qu'on la trouve dans la théologie chrétienne et la métaphysique traditionnelle pour des raisons qui relèvent de sa philosophie de l'histoire. Pour Marx, le processus historique est nécessité, non pas au sens d'un déterminisme métaphysique, mais au sens dialectique. L'histoire pour la pensée marxienne est le mouvement de production des conditions concrètes – naturelles et sociales – qui dictent à chaque génération humaine et formation sociale, le rapport avec la nature et des individus entre eux, comme dit Marx, en tant que résultat matériel. Marx n'exclut aucunement la possibilité d'une praxis radicalement différente, mais il faut selon lui se rendre compte du fait que l'action humaine dépend de possibilités réelles produites par ces conditions déjà déterminées. Le processus historique est toujours nécessité selon Marx, au sens de quelque chose d'irréductible comme toujours déjà donné à la pensée et à l'être humain.

Pourtant, il y a un rapport profond entre la nécessité et la possibilité. Marx étant énormément influencé par Hegel, pense en termes de synthèse dialectique qui prépare toujours l'avènement d'un nouveau terme. Le capital en se produisant et en reproduisant les conditions d'oppression, de domination et d'exploitation du prolétariat, prépare la possibilité historique d'une rupture radicale, d'une libération et d'une émancipation théorique et pratique de la société. Ce processus de libération ne serait pas la libération de la forme générale de la condition, qui est la nécessité de la production des conditions de l'existence matérielle. La seule liberté possible selon Marx, est que l'homme en tant qu'être social, les producteurs associés règlent d'une façon rationnelle leurs échanges avec le monde naturel et qu'ils les contrôlent ensemble afin qu'ils dépensent le minimum de force, et cela, dans les conditions les plus dignes.

On voit bien que Marx reste à ce niveau prisonnier de la logique cartésienne qui conçoit l'homme et le *cogito* comme un potentiel maître des forces de la nature – l'homme et le *cogito* européen assurément – qui finit par devenir libre. Cette maîtrise des forces de l'homme qui reprend d'une façon le mythe préféré du jeune Marx, celui de Prométhée en tant que symbole de libération du genre humain à travers le travail et la technique, permet le passage à la liberté supérieure comme libre développement des hommes et de leurs capacités. Marx et Engels dans l'*Idéologie allemande* et Engels dans son *Anti-Dühring* explicitent cette idée de liberté en tant que compréhension de la part de l'homme de la nécessité, d'une compréhension des termes de la production idéologique et matérielle des rapports de production, qui permet à l'homme le « *saut du royaume de la nécessité au royaume de la liberté* ». De Ste. Croix utilise à son tour l'extrait de Marx du troisième livre du *Capital*, pour terminer avec la comparaison entre Marx et Thucydide et avec la question de la liberté et de la nécessité :

En vérité, le règne de la liberté commence seulement à partir du moment où cesse le travail dicté par la nécessité et les fins extérieures ; il se situe donc, par sa nature même, au-delà de la sphère de la production matérielle proprement dite. Tout comme l'homme primitif, l'homme civilisé est forcé de se mesurer avec la nature pour satisfaire ses besoins, conserver et reproduire sa vie ; cette contrainte existe pour l'homme dans toutes les formes de la société et sous tous les types de production. Avec son développement, cet empire de la nécessité naturelle s'élargit parce que les besoins se multiplient ; mais, en même temps, se développe le processus productif pour les satisfaire. Dans ce domaine, la liberté ne peut consister qu'en ceci : les producteurs associés – l'homme socialisé – règlent de manière rationnelle leurs échanges organiques avec la nature et les soumettent à leur contrôle commun au lieu d'être dominés par la puissance aveugle de ces échanges ; et ils les accomplissent en dépensant le moins d'énergie possible, dans les conditions les plus dignes, les plus conformes à leur nature humaine. Mais l'empire de la nécessité n'en subsiste pas moins. C'est au-delà que commence l'épanouissement de la puissance humaine qui est sa propre fin, le véritable règne de la liberté qui, cependant, ne peut fleurir qu'en se fondant sur ce règne de la nécessité. La réduction de la journée de travail est la condition fondamentale de cette libération[64].

Lorsque Marx s'exprime de cette façon, il conçoit que les hommes et la société ne sont jamais absolument libres. Ils le sont toujours relativement à une situation concrète qu'ils ont la puissance de comprendre, éclaircir et transformer sur la base des conditions de possibilité de cette compréhension et transformation, produites et posées par la situation elle-même. En d'autres mots, ils deviennent libres au fur et à mesure. Ainsi, pour reprendre notre brève référence à Spinoza, Engels a défini cette problématique d'une façon très proche que celle du philosophe de l'*Éthique*. La liberté n'est pas un attribut ou une essence métaphysique de la nature humaine qui peut suspendre ou annuler au niveau imaginaire les lois de la nature et de la vie sociale, mais un degré de puissance de se comprendre et de comprendre, de se transformer soi-même aussi bien que de modifier les conditions d'existence individuelle et collective et de production. Ainsi, la pensée de Marx peut

[64] K. Marx, *Le Capital,* Livre III, p. 2049-2050, traduit et annoté par Maximilien Rubel, Éditions Gallimard, collection « folio essais », Paris, 1968.

être conçue d'un autre point de vue, comme une pensée des possibilités de connaissance de l'être humain[65]. Dans ce cadre, Engels peut être proche d'une pensée de la décision, de la volonté et de l'idée d'une liberté liée à la connaissance des causes et des conditions dans la nature, puisqu'il dit que :

La liberté de la volonté ne signifie pas autre chose que la faculté de décider en connaissance de cause. Donc plus grande est la nécessité qui détermine la teneur du jugement... La liberté consiste dans l'empire sur nous-mêmes et sur la nature extérieure, fondée sur la connaissance de réalités naturelles : elle est nécessairement un produit du développement historique[66].

Après cette courte parenthèse au sujet des rapports de la liberté avec la nécessité selon Marx et Engels, entreprise afin d'éclaircir le propos de *La lutte des classes dans le monde grec antique*, on revient au texte et à la fin de l'introduction, à laquelle l'auteur britannique essaie d'esquisser les lignes méthodologiques de son livre et d'exposer, pourquoi considère-t-il la pensée de Marx comme utile pour la compréhension de l'Antiquité grecque et romaine. De Ste. Croix ne vise pas une analyse exhaustive de la méthodologie historique de Marx, mais il pose comme le centre d'intérêt de sa réflexion historique l'analyse de *classe*, et de *lutte des classes*. Plus précisément, de Ste. Croix exprime clairement son intention en disant ceci :

En terminant ce sous-chapitre, j'accentue que je n'ai aucune intention de présenter « l'interprétation de l'histoire grecque

---

[65] Sur le sujet de l'interprétation de Marx comme un philosophe de la subjectivité, voir les travaux de Michel Henry, surtout son *Marx I. Une philosophie de la réalité*, Éditions Gallimard, collection « Tel », Paris, 1991 et *II. Une philosophie de l'économie*, Éditions Gallimard, collection « Tel », Paris, 1991.

[66] Engels Friedrich, *Anti-Dühring*, p. 143, traduit par Émile Bottigelli, Éditions Sociales, Paris, 1971.

ancienne » : il s'agit simplement d'une interprétation qui tend d'être marxiste. Ayant étudié, la plus grande partie des publications de Marx (je dois admettre que plusieurs entre elles en traduction anglaise), je crois personnellement qu'il n'y a rien dans ce livre que Marx lui-même (après une certaine discussion peut-être) ne serait disponible d'admettre. Mais, il y aura beaucoup d'autres marxistes qui seront en désaccord en plusieurs points avec ma position théorique de base ou avec l'interprétation que j'ai donné en certains événements, institutions et idées...[67].

Passons maintenant à la partie principale du livre où de Ste. Croix expose en détail son approche historique par rapport à son sujet, et la nature des concepts marxiens qu'il met en place à travers les définitions qu'il y donne et qu'elle s'intitule : *Classe, Exploitation, et Lutte des Classes*[68].

1. « *Classe, Exploitation et Lutte des Classes* »

Dans ce premier chapitre de la première partie de son livre, intitulé « *La nature de la société des classes* », de Ste. Croix se pose la question de la possibilité de reconnaître l'existence des classes dans la société grecque. Est-ce que les Grecs reconnaissaient l'existence des classes ou non ? Est-ce que c'est utile de penser et de mener une recherche historique en termes de luttes des classes et d'exploitation ? Néanmoins, de Ste. Croix ne peut être accusé d'un dogmatisme et d'une vulgarisation de Marx et comme quelqu'un ayant appliqué l'idée de *classe sociale*, sans avoir tout d'abord défini à la mesure du possible ce qu'il entend par classe. Plus exactement, il dit à ce sujet quelque

[67] G. E. M. de Ste. Croix, *op. cit,* p. 56.

[68] *Op.cit*, p. 57. La partie qui nous intéressera et qu'on va tenter de mettre en perspective, concerne les pages 57-139 de l'édition grecque du livre.

chose qui peut nous aider à comprendre plus clairement les lignes directrices de son étude :

Je ne vais pas prétendre que la classe est une entité existante objectivement en elle-même, comme une « Idée » platonicienne, qu'on n'a qu'à découvrir sa nature. Le mot a été utilisé par les historiens et les sociologues avec toutes sortes de significations, mais je crois que la façon que Marx avait choisi de l'utiliser c'est la plus fructueuse, pour notre société et pour toutes les sociétés antérieures après le niveau primitif, en incluant et la société grecque et romaine. Mais Marx n'a jamais donné, malheureusement une définition du terme « classe » et il est vrai qu'il en fait usage d'une façon différente dépendant du cas, principalement lorsqu'il parle des conditions historiques présentes, auxquelles la nature des classes concrètes peut se différencier considérablement. Même à la fin du troisième livre inachevé du Capital était prêt de répondre à sa propre question, « en quoi consiste une classe ? » a eu le temps seulement de dire que la réponse à cette question provient (...) toute seule par la réponse à l'autre question, « Qu'est-ce que c'est ce qui fait les ouvriers, les capitalistes et les propriétaires fonciers à constituer les trois grandes classes sociales ? » - comme d'ailleurs c'était vrai pendant la période pour laquelle avait écrit. Il n'a pas vécu pour exprimer d'une façon écrite sa réponse à cette importante question, une réponse qui donnerait une définition des classes de la société capitaliste du 19ème siècle, non pas de la classe en général, et on ne peut pas dire s'il procéderait à donner une définition complète et claire et générale de la classe. Mais moi, ayant rassemblé plusieurs centaines des extraits auxquels Marx travaille à partir du concept de classe (parfois sans utiliser ce mot), je n'ai que très peu de doutes de quelle forme de base a eu ce concept dans sa pensée[69].

Dans un premier temps, de Ste. Croix note que la classe n'existe pas en elle-même, à savoir qu'elle n'est pas une notion qu'on peut apercevoir isolément et la nommer ainsi, sans qu'on se rende compte qu'elle participe simultanément à certains autres processus. Ensuite, il dit que Marx lui-même n'avait jamais donné une définition et une explication concrète de ce qu'il entendait par la notion de classe. Dans l'extrait qu'on va citer, de Ste. Croix explique ce que

[69] *Ibid.*, p. 58-59.

lui-même comprend par classe sociale dans le cadre de la pensée marxienne. Malgré sa longueur, il vaut la peine d'être cité dans son intégralité :

La classe en tant que concept général (en opposition à la classe concrète) est surtout une relation. Et la classe, conçue par Marx, elle doit être comprise en rapport étroit avec le concept marxien fondamental des « rapports de production » : des rapports sociaux auxquels les hommes parviennent pendant le processus de la production, et qu'ils trouvent une formulation légitime en grande partie soit comme relations de propriété, soit comme rapports de travail. Lorsque les termes de la production, comme ils apparaissent à n'importe quelle époque, ils sont contrôlés par un certain groupe (lorsque, comme dans la plupart de ces cas, il y a propriété privée dans les rapports de production), alors nous avons une « société des classes », et les classes elles se définissent à partir de leur rapport avec les moyens de production et le travail productif, et le rapport d'une classe avec l'autre. Certains des « moyens de production » les plus importants dans le monde moderne – non seulement les industries, mais les banques et les organismes financiers, et même les chemins de fer et les avions – étaient assurément absents dans l'Antiquité classique, comme d'ailleurs le travail salarié était absent dans une grande échelle, qui est un élément indispensable et beaucoup plus élémentaire pour les rapports de production qui caractérisent une société capitaliste. (Comme on va voir dans le III.4, le travail salarié libre jouait un rôle infiniment moins important dans le monde grec et romain que celui que joue aujourd'hui). Dans le monde grec antique, les moyens de production les plus fondamentaux étaient la terre et la forme la plus fondamentale avec laquelle le travail était directement objet d'exploitation était le travail forcé – surtout le travail des esclaves ; mais l'esclavage à cause de dettes était beaucoup plus généralisée que beaucoup d'historiens l'ont pensé, et dans l'Empire romain l'exploitation du travail rural est arrivée à prendre lieu sous des formes de l'embauchage (laquelle au début concernait surtout des hommes libres) qui à la fin du 3ème siècle ont passé à l'état du servage légal (...). Donc, on peut dire que dans l'Antiquité la richesse consistait d'abord à la propriété foncière et à l'imposition du travail contraignant, et c'est précisément ces acquisitions que permettaient à la classe possédante d'exploiter le reste de la population, à savoir, de s'approprier le surplus de son travail[70].

Ainsi, de Ste. Croix définit la classe sociale en tant qu'un rapport que certains individus entretiennent avec d'autres individus au sein de la production économique et non pas en tant qu'une entité ou une conscience collective, qui existe d'emblée dans les individus eux-mêmes. En outre, il insiste bel et bien sur la séparation qui a lieu à cause de la possession des moyens de production et sur la production de la richesse appropriée par les élites dirigeantes, basée sur la propriété foncière et l'esclavage. Pourtant, de Ste. Croix note que dans l'Antiquité et même jusqu'à l'Antiquité tardive romaine une grande partie de la production se réalisait par – quelque chose que Marx aussi avait également dit – les petits producteurs libres, surtout les paysans et les artisans ainsi que les commerçants. Ces groupes selon de Ste. Croix, étaient comme des intermédiaires entre les exploités et les exploiteurs, mais en tout cas, ils couraient constamment le danger de tomber dans une situation d'exploitation directe. Quelques paragraphes plus loin, l'auteur britannique soutiendra l'opinion que ces producteurs-paysans directs « libres » étaient obligés de produire aussi un surplus, un excédent afin de pouvoir se maintenir en vie. Selon de Ste. Croix, la réalisation et la reproduction d'un tel surplus a conduit pratiquement les paysans et ces groupes sociaux à une situation d'exploitation :

Cette exploitation, avec laquelle tout le concept de classe est associé, c'est le noyau de ce que j'appelle « lutte des classes ». Comme j'y expliquerai, lorsque je parle de « lutte des classes » dans le monde antique je n'entends pas uniquement une lutte au niveau politique ; il y

---

[70] *Ibid.*, p. 59.

a des fois où la « lutte des classes » ne peut avoir aucune forme politique[71].

De Ste. Croix continue son raisonnement en disant que le monde grec se distinguait de notre monde en deux points : d'abord, le monde grec était beaucoup moins développé au niveau technique et par là, la productivité était infiniment moins évoluée et elle n'occupait pas du tout la même place dans l'imaginaire des gens de l'époque. Il a néanmoins raison de noter que le Moyen Âge était, contrairement à ce qu'on pense habituellement, une période de découvertes importantes, en donnant comme exemple le moulin ou le camion à bras à une roue. Ce qui différencie la société grecque antique de la société moderne industrialisée, c'est dans une grande partie le fait que les producteurs produisaient un surplus beaucoup plus limité, que ce que les producteurs à notre époque en produisent. À savoir, que le grec avait un spectre des besoins considérablement moins larges que le français ou l'allemand actuellement et conséquemment, la masse et la quantité de la production étaient incomparablement plus limitées et restreintes que dans nos jours. D'ailleurs, le nombre des populations des villes comme Athènes ou Rome en Antiquité, même lorsque ces villes atteignent le sommet de leur expansion économique ne peuvent pas se comparer avec le nombre de leurs populations actuelles.

De Ste. Croix estime que dans ce cas, la société grecque devait utiliser une autre partie de la population – la plupart des fois c'était des étrangers ou des prisonniers de guerre – afin d'extraire un excédent, un surplus de ces populations exploitées. Les classes dirigeantes grecques et romaines dans l'Antiquité puisaient ce surplus qui leur permettait de ne pas prendre directement parti à la production, non du

[71] *Ibid.,* p. 63.

travail salarié, mais surtout du travail contraignant de plusieurs types, surtout l'esclavage. Il faut quand même souligner que lorsque de Ste. Croix parle de plusieurs types de travail forcé, il entend à part l'esclavage classique, « l'esclavage total », le servage et le « travail pour dettes ». De Ste. Croix conçoit l'esclavage dans sa fonction principale, c'est-à-dire, comme on l'a déjà dit, « *l'extraction du plus grand surplus possible des producteurs directs qui étaient placés aux échelles les plus basses de la société antique* »[72]. Ce qui va de soi lorsque l'esclavage fait partie du système de production, c'est son caractère obligatoire et oppressif qui devient évident : « *l'esclave est par définition un homme sans droits (ou essentiellement, sans des droits réels) et donc, il est incapable de se protéger de la contrainte de rendre une grande partie de sa production*[73].

De plus, l'esclave n'a aucun autre statut que celui qui lui est assigné dans le cadre de la production économique et l'esclavage comme de Ste. Croix dit, répondait très bien aux besoins économiques de l'Antiquité, écartant constamment des facteurs sociaux ou moraux :

> *... si on tient en compte du niveau bas de la production et du fait que le travail libre et salarié était rare, puisqu'il était limité au travail non spécialisé ou saisonnier ou pas du tout mobile, tandis que les esclaves étaient disponibles en grands nombres et en prix extrêmement bas, en comparaison avec tout ce qu'on sait pour les prix des esclaves dans d'autres sociétés. En tenant compte de ces conditions – des ressources limitées en travail libre, salarié, de la facilité de posséder des esclaves, de leur bas prix, etc., je crois que l'esclavage a augmenté le surplus possédé par la classe possédante tellement qu'elle ne l'aurait pas avoir atteint autrement, et il était donc une raison fondamentale des achèvements excellents de la civilisation classique. Je tiens mon attention au fait que la distinction que je viens de faire un peu en avant n'est pas fondée sur une différence de position de droit, entre des*

---

[72] *Ibid.*, p. 67.
[73] *Ibid.*, p. 67.

esclaves et des libres, mais sur une différence de classes, entre des esclaves et leurs propriétaires – quelque chose de très différent { ...}. Il se peut qu'il ne soit pas complètement évident que jusqu'à ce moment je préparais le terrain pour la définition des termes de « classe » et « lutte des classes » que je vais donner au sous-chapitre 2 de ce chapitre. Il fallait que j'éclaircisse quelques caractéristiques fondamentales de la société grecque. J'en ai déjà expliqué une parmi elles : le rôle fondamental joué par ce que j'appelle le travail servile ; je dois maintenant me référer à une autre caractéristique : le fait que le moyen le plus incomparablement important dans le monde antique était la terre. La richesse dans l'antiquité classique était toujours la richesse foncière, et les classes dirigeantes de toutes les villes grecques et même de Rome se composaient par des propriétaires fonciers[74].

Pourtant, de Ste. Croix est bien conscient des dangers méthodologiques qui peuvent dériver de l'utilisation des notions comme celles « de classe » et de « lutte des classes », si on passe d'une interprétation à l'autre et sans effectuer des distinctions. Il n'hésite pas à admettre que beaucoup d'historiens marxistes ont commis des erreurs graves dans leurs analyses des classes sociales de l'Antiquité, surtout au sujet de l'appellation de la part de certains entre eux des classes dirigeantes d'Égine ou de Corinthe par exemple, comme des « aristocraties commerciales » ou des « classes des industriels ou des commerçants »[75]. Cependant, de Ste. Croix associe le sens de « classe », plus par rapport au statut économique qu'un membre de la classe dirigeante possédait qu'à la possession d'une place dans l'administration et dans la vie politique, puisque si on admet la seconde option, on peut considérer les sénateurs romains comme un groupe social et non comme une classe sociale. De plus, de Ste. Croix n'utilise pas le terme de « caste », « d'ordre » (*ordro*) ou « d'état » et il faut néanmoins souligner qu'il a raison, lorsqu'il

[74] *Ibid.*, p. 68.

[75] De Ste. Croix se réfère à des historiens de l'Antiquité comme Georg Busolt, Eduard Meyer et George Thomson.

soutient que la Grèce et Rome n'ont pas connu les castes. Or, il dit que :

> *... on trouve ce que logiquement peut être caractérisé en tant que « corps » (ou « situations » - à savoir des groupes sociaux (Stände) qui sont légalement reconnus en tant que tels et ils sont des ensembles différents des caractéristiques légales (des avantages ou des désavantages)... J'aurai à dire quelque chose à propos des « groupes sociaux » généralement et pour la position sociale en tant que concept alternatif de la « classe ». Pourtant, bien que j'aille me référer de temps en temps en des « groupes » particuliers (citoyens, esclaves, affranchis, sénateurs, cavaliers, curiates), je ne prendrai pas en considération particulièrement les « groupes » tels quels, mais je les considérerai simplement comme une forme spéciale de groupe social, sauf si et puisqu'ils influencent essentiellement le degré de l'exploitation*[76].

Toutefois, avant de continuer à ce que de Ste. Croix dit dans le chapitre suivant, intitulé *« Classe », « exploitation » et « lutte des classes » - définition*, on voudrait ouvrir une parenthèse et voir rapidement ce que Marx pensait au sujet de l'esclavage et aussi tant que cela est possible, ce qu'il entendait par les notions de « classe » et de « lutte de classes ». On pense que cette parenthèse est nécessaire, parce qu'elle nous aidera à nous positionner plus lucidement par rapport à ce que de Ste. Croix soutient dans son livre, en s'exprimant en tant qu'historien marxiste de l'Antiquité et en faisant usage de ces notions.

2. Esclavage, classes et luttes des classes chez Marx

Marx n'a jamais élaboré une théorie précise au sujet de l'esclavage dans l'Antiquité, néanmoins ce mode historique d'exploitation et d'oppression revient constamment sous sa plume dans plusieurs de ses écrits, par exemple le *Capital*.

---

[76] *Ibid.*, p. 71.

On doit se rappeler que la question de l'esclavage était une partie de l'actualité politique et sociale de l'époque de Marx, celle du 19ème siècle, surtout aux États-Unis où il y avait les planteurs américains qui possédaient des esclaves. Le regard adopté par Marx est plutôt rétrospectif et comparatif. Dans le *Capital*, il lui arrive le plus souvent de comparer la situation du salarié à l'époque moderne à celle des travailleurs appartenant à des modes de production antérieurs, par exemple les esclaves et les serfs. Cette comparaison est tracée, afin de montrer la spécificité du mode de production capitaliste et de l'appropriation de la force de travail dans ce système économique, où elle se présente en tant que valeur de travail ou de salaire.

D'un autre côté, en ce qui concerne l'esclavage chez Marx, il est étudié dans le chapitre sur les formes primitives du capital et sur l'existence dès l'Antiquité d'un capital marchand. Mais avant les développements qu'on trouve dans les textes de la maturité, Marx parle de l'esclavage en le situant dans la longue évolution des formes de propriété. Tout d'abord, il y a la référence de Marx et d'Engels dans l'*Idéologie allemande*, de l'esclavage conçu comme contemporain de la forme tribale et se prolongeant dans la forme communale propre à l'Antiquité grecque et romaine. Ensuite, Marx et Engels se réfèrent en passant à l'esclavage au début du *Manifeste du parti communiste*, comme une forme historique de production et d'exploitation qui dissimule la lutte des classes et qui a eu une longue suite avec le servage[77]. Plus tard, les *Grundrisse* se réfèrent à

[77] Citons le célèbre passage : « *L'histoire de toute société jusqu'à nos jours est l'histoire de luttes de classes. Homme libre et esclave, patricien et plébéien, baron et serf, maître d'un corps de métier et compagnon, bref, oppresseurs et opprimés ont été en opposition constante, ils ont mené une lutte ininterrompue, tantôt cachée, tantôt ouverte, lutte qui chaque fois s'est terminée par une transformation révolutionnaire de la société tout entière ou par la ruine commune des*

l'esclavage d'une façon beaucoup plus spécifique et polémique : l'esclavage et le servage ne sont pas des états primaires ou primitifs, mais secondaires dans le stade de la production. Bien plus, cet état de production et d'exploitation montre que l'homme n'est pas encore séparé complètement des conditions naturelles et il se situe à côté « *des autres êtres naturels en tant que condition inorganique de la production, à côté du bétail et comme appendice de la terre* »[78].

L'élément qui retient l'attention de Marx dans le cas de l'esclavage, c'est que l'esclave en tant que travailleur et possesseur d'une force de travail est rabaissé à une « chose », à un « *res* », ou plus concrètement à un simple moyen de travail. Ainsi, Marx distingue le statut de l'esclave du statut du serf et du travailleur salarié. Le serf est sans doute un travailleur non libre, mais qui reste malgré tout maître de ses moyens de production, tandis que l'esclave travaille et produit avec les moyens de production d'autrui. Le travailleur salarié est libre de vendre sa force de travail, mais reste séparé des moyens de production. Le seul droit qu'il a, c'est celui de la possession de la vente de sa force de travail selon Marx. De plus, Marx précise la différence entre le travail servile et le travail salarié dans le *Capital* : « *Le système capitaliste se distingue du mode de*

---

classes en lutte », in K. Marx et F. Engels, *Manifeste du parti communiste*, p. 73-74, traduit par Émile Bottigelli, Éditions GF Flammarion, Paris, 1999. On voit que pour Marx et Engels, l'histoire humaine est le synonyme d'un conflit perpétuel et d'un antagonisme constant. Néanmoins, comme la dernière phrase de la citation nous le montre, ils ne pensent pas que cette guerre se dirige forcément vers un progrès historique final. L'aboutissement des luttes historiques entre les classes sociales peut parfois avoir un caractère négatif, destructif et de décomposition et d'échec pour les opprimés ou les oppresseurs.

[78] K. Marx, *Les Grundrisse*, volume I, p. 426, publié sous la responsabilité de Jean-Pierre Lefebvre, Éditions Sociales, Paris, 1980.

production fondé de travail s'y présentant comme la valeur (ou le prix) du travail lui-même, comme salaire »[79].

L'esclavage antique (en Grèce archaïque et classique) se lie à l'esclavage moderne (le système de plantation aux États-Unis) parce que le produit de cette forme de production est toujours la marchandise de quelqu'un d'autre que le producteur. Pourtant, le mode de production esclavagiste relève toujours de l'économie naturelle d'après Marx, puisque le producteur n'est pas encore séparé de ses moyens de production, bien que l'esclavage suppose l'existence d'un marché d'échange et d'un transfert organisé d'individus depuis les zones productrices d'êtres humains vers les zones consommatrices.

Marx distingue l'esclave du travailleur moderne dans un autre niveau : le salarié est dépendant dans la sphère de la production, tandis que la servitude de l'esclave trouve son fondement hors de la production, puisque « *le marché des esclaves est constamment alimenté en marchandise-force de travail par la guerre, la piraterie, etc. Il est l'appropriation en nature de force de travail étrangère par contrainte physique directe* »[80]. En prenant un exemple contemporain en lui, celui du planteur noir, Marx le considère comme une victime du fétichisme de la marchandise. Il pense que l'appropriation du travail et du surtravail de l'esclave résulte d'un rapport de domination, à savoir que l'exploitation est fondée sur une domination basée à son tour sur la violence fondée sur la conquête et le pillage d'une population par une autre population. Autrement dit, pour Marx l'esclavage couvre et dissimule

---

[79] K. Marx, *Le Capital*, Livre I, p. 51.
[80] K. Marx, *Le Capital*, Livre II, p. 126.

avec le manteau juridique de la propriété et de la légalité, un mode brutal d'exploitation[81].

Passons maintenant à la question du statut de la classe et de la lutte des classes, sujets qu'on ne pourra pas assurément les analyser dans toute leur complexité, mais simplement voir les pistes générales de la réflexion de Marx. Tout d'abord, il faut préciser que Marx n'a pas inventé le terme « des classes sociales ». Ce terme est déjà employé par les historiens libéraux français de la Restauration, durant la première moitié du 19ème siècle et il existe aussi dans le droit public romain qui séparait les citoyens en « classes censitaires »[82]. L'économie politique classique dont Marx a été largement imprégné et avait étudié en détail, fait usage du concept des classes. La rencontre du jeune Marx avec le concept de « classe »

---

[81] Sur le problème de l'esclavage, voir le livre de Moses I. Finley : *Esclavage antique et idéologie moderne*, Éditions du Minuit, collection « Le sens commun », Paris, 1981.

[82] Parlant du droit public et des classes censitaires à Rome, il faut se rappeler que le terme *prolétaire*, si central chez Marx, provient du mot latin *proletarius* (du *proles* qui signifie la descendance). En fait, il décrivait le citoyen de la dernière des six classes du peuple, exempt d'impôts, sans droit et sans propriété et qui était exclu de la plupart des charges politiques. De même, les citoyens de cette classe ne pouvaient pas participer à la guerre. Ils pourraient être utiles à la République romaine que par la procréation des enfants, lesquels par la suite serviraient à la République. Sans doute, Marx connaissait ces détails historiques étant donné que comme on l'a déjà dit, il avait étudié le droit à l'université de Berlin. Il s'agit d'un terme que Rousseau emploie dans le quatrième chapitre du quatrième livre de son *Contrat social*, que Saint-Simon ainsi que Moses Hess utilisent, à savoir des auteurs que le jeune Marx avait lu. Néanmoins, Marx fait appel pour la première fois à cette notion, dans *L'Introduction à la Critique de la philosophie du droit de Hegel* écrite en 1843. Bref, il y a une certaine continuité entre la classe sociale romaine désignée par le terme *proletarius* et le prolétariat moderne, mis au centre de l'histoire par Marx et Engels : ils décrivent une classe non possédante.

s'effectue dans son croisement compliqué avec les historiens et les socialistes français et la pensée de Hegel. Marx reprend le terme de Hegel « société civile/ bourgeoise » (*bürgerliche Gesellschaft*) et il se trouve devant le problème posé par le terme « féodal » de *Stand* (« état » ou « ordre ») que de Ste. Croix refuse d'employer. Hegel n'utilise que très rarement le terme de « classe » dans les manuscrits de jeunesse intitulés *Realphilosophie* d'Iéna (1805-1806) et lorsqu'il l'utilise dans les *Principes de la philosophie du droit* (1820) c'est pour désigner « la populace », qui est exclue des avantages spirituels de la société civile naissante et qui finit par se révolter contre elle et pour désigner également « la classe la plus riche ». À partir de l'*Introduction de 1843*, le concept de classe entre d'une façon plus rigoureuse dans l'univers intellectuel de Marx. La notion de classe apparaît être alors très liée à celle d'émancipation politique et sociale, fondée sur la révolution :

> *Sur quoi repose une révolution partielle, uniquement politique ? Sur ceci, qu'une* partie de la société civile-bourgeoise *s'émancipe et parvient à la domination* générale *de la société, qu'une classe déterminée entreprend l'émancipation générale de la société à partir de sa* situation particulière. *Cette classe libère la société entière, mais seulement à condition que toute la société se trouve dans la situation de cette classe, qu'elle possède par exemple argent et culture, ou qu'elle puisse les acquérir à sa guise*[83].

Mais à partir de l'*Idéologie allemande*, la thématique de la classe se complique et elle déterminera profondément ce que les théoriciens marxistes vont en penser ultérieurement. Marx appliquera le concept de classe à tout l'être social et à l'ensemble de la division sociale. Division qui sépare les dominés des dominateurs et qui se fonde sur l'organisation

---

[83] K. Marx, *L'Introduction à la Critique de la Philosophie du droit de Hegel* (1843), p. 16.

de la production et de la division du travail. Ce modèle interprétatif est d'après Marx, valable pour toutes les sociétés dès qu'elles quittent le stade de la propriété communautaire : l'Antiquité, le Moyen Âge, « les sociétés asiatiques », comme Marx écrit, et principalement, la société bourgeoise :

*Ce n'est que collectivement que les citoyens exercent leur pouvoir sur leurs esclaves qui travaillent, ce qui les lie déjà à la forme de la propriété communale. Cette forme est la propriété privée communautaire des citoyens actifs, qui, en face des esclaves, sont contraints de conserver cette forme naturelle d'association. C'est pourquoi toute la structure sociale fondée sur elle, et avec elle la puissance du peuple, se désagrègent dans la mesure même où se développe en particulier la propriété privée immobilière. La division du travail est déjà plus poussée. Nous trouvons déjà l'opposition entre la ville et la campagne et plus tard l'opposition entre les États qui représentent l'intérêt des villes et ceux qui représentent l'intérêt des campagnes, et nous trouvons, à l'intérieur des villes elles-mêmes, l'opposition entre le commerce maritime et l'industrie. Les rapports de classes (*Klassenverhältnis*) entre citoyens et esclaves ont atteint leur complet développement*[84].

Néanmoins, Marx utilisera quelques fois la distinction entre *Stand* et *Klasse* afin de tracer une ligne de démarcation entre les sociétés précapitalistes et les sociétés capitalistes, qui comme on l'a mentionné sera reprise et maintenue par de Ste. Croix :

Dans le monde antique comme au Moyen Âge, la première forme de la propriété est la propriété tribale, conditionnée principalement chez les Romains par la guerre et chez les Germains par l'élevage. Chez les peuples antiques où plusieurs tribus cohabitent dans une même ville, la propriété de la tribu apparaît comme propriété d'État et le droit de l'individu à cette propriété comme simple possessio *qui cependant se borne, à l'instar de la propriété tribale du reste, à la seule propriété foncière. La propriété proprement dite commence, chez les Anciens comme chez les peuples modernes, avec la propriété mobilière. –*

---

[84] K. Marx-F. Engels, *L'Idéologie allemande*, p. 17.

(Esclavage et communauté). Chez les peuples qui sortent du moyen âge, la propriété tribale évolue donc en passant par des stades différents – propriété foncière féodale, propriété mobilière corporative, capital et manufacture – jusqu'au capital moderne, conditionnée par la grande industrie et la concurrence universelle, qui représente la propriété privée à l'état pur, dépouillée de toute apparence de communauté et ayant exclu toute action de l'État sur le développement de la propriété { ...}. Du seul fait qu'elle est une classe *(Klasse) et non plus un* ordre *(Stand), la bourgeoisie est contrainte de s'organiser sur le plan national, et non plus sur le plan local, et de donner une forme universelle à ses intérêts communs. { ...} L'indépendance de l'État n'existe plus aujourd'hui que dans les seuls pays où les ordres ne sont pas encore entièrement parvenus dans leur développement au stade des classes et jouent encore un rôle, alors qu'ils sont éliminés dans les pays plus évolués, dans des pays donc où il existe une situation hybride et dans lesquels, par conséquent, aucune partie de la population ne peut parvenir à dominer les autres* (c'est Marx et Engels qui soulignent)[85].

Ce passage est très important, parce qu'il nous incite à penser que l'existence des classes en soi (*Klasse für sich)* est à proprement parler innée chez la société bourgeoise et que dans les sociétés antérieures au capitalisme, les classes sont plutôt définies à travers la constitution de *Stände* sociales et politiques (« états ou ordres »). Le problème provient du fait que Marx insiste fortement pendant sa démarche, sur la distinction entre les rapports sociaux à caractère de dépendance personnelle et des rapports impersonnels, purement « économiques », c'est-à-dire des rapports d'argent. Il s'agit des rapports aliénés qui transforment l'homme en objet et en marchandise, lieu commun de la pensée marxienne dès les *Manuscrits de 1844* et jusqu'au premier livre du *Capital*, ainsi que de la chosification des rapports humains et sociaux à travers la prédominance de l'argent et le règne de la marchandise. Cette problématique renvoie à un schéma de la pensée de Marx parfois oublié, celui qui conçoit l'évolution historique et économique

---

85 *Ibid.*, p. 73-74.

comme un processus d'abstraction progressive des rapports sociaux, transformation principalement d'ordre pratique. Pour éclaircir un peu les choses en ce qui concerne ce point, on doit voir le texte auquel de Ste. Croix se réfère, lorsque Marx pose la question de l'être de la classe et de ce qui la constitue, sans donner une réponse et en laissant le texte inachevé[86] :

Ceux qui ne possèdent que leur force de travail, ceux qui possèdent le capital et ceux qui possèdent la terre – leurs sources de revenus étant respectivement le salaire, le profit et la rente foncière – en d'autres termes, les travailleurs salariés, les capitalistes et les propriétaires fonciers, constituent les trois grandes classes de la société moderne fondée sur le mode de production capitaliste. { ...} Il nous faut d'abord répondre à la question suivante : qu'est-ce qui constitue une classe ? En fait, cette réponse résulte automatiquement de la réponse à cette autre question : comment les travailleurs salariés, les capitalistes et les propriétaires fonciers viennent-ils à constituer les trois grandes classes de la société ? À première vue, c'est à cause de l'identité de leurs revenus et des sources de leurs revenus : voici trois grands groupes sociaux dont les membres individuels vivent respectivement du salaire, du profit et de la rente, c'est-à-dire de la mise en valeur de leur force de travail, de leur capital, de leur terre. Toutefois, de ce point de vue, les médecins et les fonctionnaires, par exemple, constitueraient également deux classes, car ils appartiennent à deux groupes sociaux distincts, dont les membres tirent leurs revenus de la même source[87].

On pourrait dire en essayant de compléter le commentaire de De Ste. Croix, qui conçoit la classe en tant qu'un rapport que les individus entretiennent pendant le processus de production, que la compréhension du terme de classe consiste à la relation et au croisement entre les rapports de distribution et les rapports de production. Cette idée est élaborée déjà dans l'*Introduction de 1857* et dans la *Critique de l'économie politique*. Néanmoins, on n'est pas sûrs de l'équivocité de ce terme, puisque Marx a modifié sa

---

[86] De Ste. Croix, *op.cit*, p. 58.
[87] K. Marx, *Le Capital*, Livre III, p. 2046-2047.

position des années 1844-1847 et jusqu'à la rédaction du *Capital* au sujet de la « loi tendancielle ». C'est en dehors du cadre de notre recherche, d'entrer à l'explication du procès de production capitaliste chez Marx. Ce qu'il faudra retenir est que Marx semble définir la classe, à partir du rapport de distribution et de production et que la structure sociale ne se détermine pas simplement par les rapports de production, mais aussi et surtout par les rapports de reproduction de la force de travail. D'après Marx, la division des classes n'apparaît pas sous une forme pure, même dans les pays capitalistes avancés comme l'Angleterre, mais elle passe par une totalité des rapports sociaux et économiques. En outre, les classes – et cela a été retenu par plusieurs marxistes par la suite[88] – ne se définissent pas isolément les unes des autres. Tout au contraire, elles sont définies par leurs rapports sociaux et leurs conflits qui opposent les unes aux autres et par le résultat provisoire et temporel de leur existence dans un procès de division dans une formation sociale donnée.

D'une façon générale, il est possible de dire que la question de « la classe » reste assez ouverte par Marx lui-même, on a beau donner certaines explications plus ou moins valables du chapitre cinquante-deux du troisième livre du *Capital*. Mais passons à la question relative à la notion de classe, celle de la lutte des classes (*Klassenkampf*). Concept central de la pensée marxienne, sinon le plus capital, il a été offert à plusieurs interprétations à travers le temps. S'agit-il d'un principe quasi métaphysique ou méta-historique, une sorte de clef que Marx avait trouvée, qui expliquerait tous les conflits au cours de l'histoire de l'humanité ? Ou s'agit-il plutôt d'un

---

[88] Voir par exemple en ce qui concerne la question de classe, le livre de Lukács, *Histoire et conscience des classes* (1922), traduit par Kostas Axelos et Jacqueline Bois, Éditions de Minuit, Paris, 1960.

concept descriptif et désignant un champ de phénomènes, de processus historiques qu'une science historique analyse et qu'une pratique historique humaine transforme ? Le texte auquel on rencontre pour la première fois exposée l'idée de lutte des classes est le *Manifeste du parti communiste*.

Selon Marx, les sociétés des classes et leur histoire conflictuelle avancent à travers la dynamique de la contradiction et de la puissance qui vient d'en bas, celle des opprimés et des exploités. C'est eux et leur présence dans la scène historique, le moteur principal des mutations sociales. À savoir que les exploités et les êtres humains aliénés, esclaves, serfs et prolétaires se révoltent principalement comme écrit Marx dans la *Misère de la philosophie*, non seulement parce qu'ils sont exploités, mais parce qu'ils sont jetés aux marges de la vie. Pour Marx, la lutte des classes signifie tout d'abord, la suppression de l'exploitation et la suppression des classes elles-mêmes, œuvre la plus complexe et la plus épineuse pour les prolétaires. Or, la lutte des classes n'est pas – comme il a été souvent soutenu – l'extension et la continuité de la thématique du maître et du serviteur de la *Phénoménologie de l'esprit* de Hegel, dans le plan des conflits et des antagonismes sociaux. Marx conçoit le travail productif comme le développement des conditions matérielles, qui mène à une libération collective la totalité de la société.

Comme on l'a déjà noté, Marx n'avait pas inventé le terme des classes sociales, mais, c'est une notion qui trouve chez les premiers socialistes français, Saint-Simon par exemple. La différence essentielle entre la pensée de Saint-Simon et celle de Marx, c'est que le dernier lie l'énonciation de l'existence de la lutte des classes à l'énonciation du dépassement de cette étape, au passage au communisme, au dépérissement de l'État et à la société sans classes. Marx reprend d'une façon très singulière, la distinction d'Aristote dans les *Politiques* et de Saint-Simon, des hommes en maîtres et en esclaves et la transforme en opposition entre exploitants et exploités. Il met à la place d'une religion de l'humanité, le matérialisme historique.

Le projet de la transformation communiste de la société n'est pas simplement le triomphe du bien sur le mal, de la justice sur l'injustice, du passage « de la préhistoire à l'histoire de l'humanité » et « du règne de la nécessité dans le règne de la liberté ». Elle n'est pas non plus comme on a la tendance de la concevoir parfois, une rupture ou une brèche entre deux ordres et deux réalités opposées, mais le mouvement comme disait Marx, qui renverse la société telle qu'elle est, une déstabilisation permanente de l'histoire par le biais de la praxis consciente des êtres humains. Afin de comprendre ce point de la pensée de Marx, il s'agit d'appréhender le fait que pour lui, toute évolution sociale est conflictuelle et qu'une pratique des transformations n'est pas un idéal volontariste. À savoir que la praxis marxienne ne veut pas anticiper l'avenir et elle ne tend pas vers une fin certaine, absolue et préétablie.

L'auteur du *Capital* s'inscrit dans la discussion théorique, qui commence de Machiavel et aboutit à Hegel au sujet de la reconnaissance des luttes sociales, en tant que constitution de l'État moderne et en tant qu'inscription de ses luttes dans un cadre de résolution ou de refoulement. Marx n'identifie aucunement la politique à la paix sociale ou à l'administration « du progrès » social et économique. Il reconduit la politique et l'économie à l'irréductibilité de l'antagonisme et de la guerre sociale, tant que la reproduction des conditions matérielles et de la réalité elle-même sont basées sur l'exploitation et l'aliénation des êtres humains. Concepts ou entités comme le « peuple » ou la

« nation » sont fallacieux, parce qu'ils sont pratiquement l'instrument d'oppression et mystifient la réalité sociale de l'exploitation, de la marginalisation et de l'abaissement physique et moral d'une grande partie de la société.

Marx attaque le rapport capitaliste – c'est une raison parmi d'autres – parce qu'il sépare les êtres humains en manuels/intellectuels, dirigeants/dirigés, riches/pauvres, savants/ignorants, producteurs/consommateurs et ainsi de suite. Le communisme, qui au début se présente comme un égalitarisme avant de pouvoir promouvoir les différences des individus, ne peut pas être un simple dépassement de l'ordre existant et des divisions sociales et politiques, mais une attaque à l'organisation du travail et du pouvoir de l'État sur la société, c'est-à-dire un renversement de l'économique en tant que valeur sociale suprême et des hiérarchies comme source de domination sur les individus et les collectivités. Ce qu'on doit retenir aussi de la pensée de Marx au sujet de la lutte des classes, c'est qu'elles expriment au fond des contradictions entre les forces productives et les rapports de production existants.

Après avoir tenté de s'exprimer très rapidement et d'une façon probablement insuffisante sur des questions assez complexes concernant la pensée de Marx, comme l'esclavage, les classes et la lutte des classes, on va passer à la dernière partie de notre travail, en reprenant la problématique du livre de De Ste. Croix, mais dès lors certainement plus élucidée.

3. Classe, exploitation et lutte des classes. Certaines définitions

De Ste. Croix commence le chapitre qui nous intéresse, par redéfinir le concept de classe et le distinguer d'un être objectif ou naturel, que la conscience scientifique doit découvrir et également par refuser la position selon laquelle, il y a un sens unique de la classe que si on ne le comprend pas, on risque de passer à côté de la pensée marxienne. De Ste. Croix considère que le jugement historique et scientifique, qu'on peut porter sur la pertinence de la notion de classe dépend de la réalité historique à laquelle correspond-elle et qu'on essaie d'interpréter et de comprendre. L'historien britannique donne à présent une définition de la classe beaucoup plus spécifique et concrète que celle qu'il avait donnée auparavant :

Classe (principalement un rapport) est l'expression collective sociale du fait de l'exploitation, de la façon avec laquelle l'exploitation s'intègre dans une structure sociale. Avec le terme exploitation, *je vais dire l'appropriation d'une partie du produit du travail des autres*[89] *: dans une société marchande–productrice c'est l'appropriation de ce que Marx appelle la « plus-value ». Une classe (une classe particulière) est un groupe des individus dans une communauté dont l'identité se détermine par sa position dans tout le système de production sociale, lequel est caractérisé avant tout de rapports d'individus (en premier lieu à partir du degré de la propriété ou du contrôle) envers les termes de production (c'est-à-dire, les moyens de production et le travail productif) et envers les autres classes. La position de droit (droits politiques ou pour utiliser le terme allemand, « Rechtsstellung ») est un des facteurs qui peuvent aider à la définition de la classe : combien participe-t-elle va dépendre de quel degré influence le type et le degré de l'exploitation que l'individu cause ou reçoit dans le processus de la production – par exemple, le fait d'être esclave dans le monde grec antique avait probablement (mais pas assurément) comme résultat un degré d'exploitation plus intense que d'être citoyen ou affranchi. Les individus qui constituent une certaine classe peuvent avoir ou ne pas avoir entièrement ou partiellement conscience de leur identité et de leurs intérêts communs en tant que classe, et ils peuvent ou ne peuvent pas se sentir des ennemis envers les membres des autres classes en tant que tels*[90].

---

[89] De Ste. Croix cite le *Capital*, Livre III, p. 487 de l'édition anglaise.
[90] *Op. cit*, p. 72-73.

Ainsi, la conception de De Ste. Croix au sujet de la classe nous paraît être nuancée et prendre en considération des exceptions, sans plaquer arbitrairement les spécificités de chaque société. Donc, les classes sociales ne sont ni des entités objectives et autonomes qui existent en elles-mêmes et elles ne sont ni définies par le degré de conscience des individus qui leur font partie, mais ce sont le rapport entretenu par certains individus au sein de la production et au cas du prolétariat ou des esclaves, de l'intensité d'exploitation qu'ils éprouvent pendant la production[91]. De cette définition de la classe, déroule la définition de la lutte des classes chez de Ste. Croix. Plus spécialement, il s'agit d'un rapport fondamental entre classes, rapport qui sous-entend l'exploitation ou la résistance et l'opposition à cette exploitation. Il est nécessaire de retenir que pour de Ste. Croix en tant qu'historien marxiste, l'existence d'une classe sociale ne signifie pas forcément l'activité politique collective et consciente de cette classe. Selon de Ste. Croix, une classe qui domine sur une grande partie de la société a souvent la tendance d'utiliser des formes de domination et d'oppression politique, autrement dit, de mettre en œuvre un discours idéologique ou une propagande, afin d'essayer de contrôler les tensions sociales.

Un exemple historique d'une importance capitale pour le monde grec, c'est l'émergence de la démocratie athénienne, qui pour de Ste. Croix était une manière d'atténuer et d'arrêter ce processus de domination et d'exploitation[92]. La

---

[91] On peut ajouter qu'une classe sociale n'est pas non plus définie, par le partage par un certain nombre d'individus d'une quelconque identité.

[92] Ce que de Ste. Croix dit à propos de la démocratie, nous fait penser à ce que Guy Debord notait à propos de la démocratie athénienne (certes en simplifiant jusqu'à un certain point) dans son livre *La Société du Spectacle*, que c'était la distribution et l'aménagement du pouvoir entre les maîtres : « *Le raisonnement sur l'histoire est,*

démocratie a été un espace, à travers lequel plusieurs conflits et antagonismes sociaux et économiques ont eu lieu, pendant au moins deux siècles en Grèce antique. De Ste. Croix et autres historiens marxistes avaient la tendance de voir dans les conflits sociaux qui ont bouleversé la Grèce à partir du 6ème siècle et jusqu'au 4ème siècle avant notre ère, une lutte acharnée entre l'oligarchie qui se battait pour ne pas perdre ses avantages économiques et politiques et le *δῆμος* (le *démos*) qui se battait pour un accès à l'espace politique et l'amélioration de son statut. Une grande partie des conflits idéologiques et même philosophiques font partie de cette guerre sociale et l'expriment jusqu'à un certain degré, comme par exemple, la création de la première Sophistique et son opposition à Socrate et à Platon, ou la création du théâtre antique. On peut également se référer à Aristote, qui dans les *Politiques* parle de cette opposition théorique qui a eu lieu à son époque, autour de la question de la légitimité de l'esclavage. En fait, il dit explicitement qu'il y a une opinion diamétralement opposée à la sienne qui consiste à justifier ouvertement l'esclavage de certains individus, celle soutenue notamment par les sophistes qui pensent que les hommes sont nés égaux par nature[93]. Ces deux positions expriment sinon une lutte des classes, au moins un antagonisme au sein de la cité grecque et mettent en évidence une réalité conflictuelle.

---

inséparablement, raisonnement sur le pouvoir. La Grèce a été ce moment où le pouvoir et son changement se discutent et se comprennent, la démocratie des maîtres *de la société* » (c'est Debord qui souligne), in *La Société du Spectacle* (1967), p. 133, § 134, Éditions Gallimard, collection « folio », Paris, 1992.

[93] Le passage auquel on se réfère est le suivant : « *Pour d'autres, au contraire le pouvoir du maître est contre nature. Car, ‹ disent-ils › c'est par convention que l'un est l'esclave et l'autre libre, mais par nature il n'y a pas de différence entre eux ; c'est pourquoi ‹ l'esclavage › n'est pas juste, car il ‹ repose sur › la force* », in Aristote, *Les Politiques*, I, 3, p. 95.

Encore, pour revenir à notre livre, de Ste. Croix remarque qu'il se peut qu'un individu ne soit pas uniquement membre *d'une seule classe* et que pour certaines caractéristiques ou raisons qu'il appartienne *aussi* à une autre classe, bien que plusieurs fois il y ait un élément qui est plus important et plus déterminant que les autres. Mais, de Ste. Croix note qu'il n'a pas l'intention d'expliquer la société grecque *que* par la catégorie de classe, mais qu'elle reste *la plus capitale* pour sa compréhension. La classe ne constitue pas un concept révélateur des mystères de l'histoire, mais *une possibilité* d'explication des transformations des sociétés. Ce qui différencie la notion de classe selon de Ste. Croix, c'est que les distinctions politiques sont basées au fond sur des distinctions et séparations des classes et que ces distinctions au début politiques, se transformaient progressivement en de différenciations économiques.

Pourtant, de Ste. Croix n'hésite pas à mentionner que les rapports de production dans lesquels un individu participe ne sont pas le seul facteur pour le placer dans une classe. Secondement, il souligne le fait que le terme de « classe » chez Marx, n'a pas eu une définition précise et univoque et qu'elle a été comme on a pu le voir, utilisée avec plusieurs sens et concernant plusieurs périodes historiques. Il est également vrai que la société qui retient le plus l'intérêt de Marx est la société capitaliste telle qu'elle se forme pendant le 18ème et principalement le 19ème siècle. De plus, on a constaté que Marx ne s'intéresse pas d'une façon consistante et détaillée aux formations antérieures au capitalisme et qu'à part le chapitre des *Grundrisse* sur les formations précapitalistes, les références de Marx au sujet sont d'un caractère passager[94].

Il y a aussi le fait que lorsque Marx parle de « lutte des classes », il entend généralement les conflits sociaux et les oppositions, telles qu'elles ont lieu au capitalisme avancé du 19ème siècle et dans un pays comme l'Angleterre, qui avait déjà connu un considérable développement capitaliste. En fin de compte, ce qui est essentiel et crucial n'est pas de trouver quel est le sens original de la notion de classe chez Marx, ou son sens primordial, mais de voir si elle peut être encore un instrument de compréhension des transformations sociales et économiques des sociétés antérieures et contemporaines, ou autrement dit, un outil fructueux et valable au sein des sciences sociales.

De Ste. Croix conscient du fait que sa lecture de l'histoire grecque – qu'on ne peut pas résumer dans notre travail – pourrait être critiquée parce qu'elle insiste énormément sur des entités collectives, en oubliant et en écartant « l'individuel » de son schéma interprétatif. L'historien britannique répond en mettant en avant, le plan général de son livre et en soulignant qu'il essaie de comprendre les événements et les mutations historiques du monde grec, dans une échelle de trois mille ans et qu'une lecture historique fondée sur des catégories comme les classes, les états, les ordres et les alliances ne peut être expliquée avec les mêmes termes qu'une lecture qui se fonde sur les comportements des individus.

De nouveau, de Ste. Croix se tourne vers Thucydide pour établir à travers la lecture de l'historien athénien que

[94] Sans oublier quelques références qu'on trouve dans le *Capital*, comme on a eu l'occasion de voir à la première partie de notre présentation.

les règles de l'interprétation et du jugement qui s'appliquent pour les actions des États, sont radicalement différentes des règles qui concernent les individus. Mais, de Ste. Croix procède à une autre distinction au sein de la catégorie de classe sociale. Selon sa proposition, les facteurs qui conditionnent le comportement des classes sont très différents de chacun des ensembles qu'il avait mentionnés. Le comportement d'une classe en soi, le comportement des individus en tant que membres de cette classe peut être inexplicable, si on utilise des termes qu'on applique au comportement de ses membres en tant qu'individus. Outre cela, les mêmes êtres humains peuvent se comporter d'une telle façon en tant que membres d'une classe et ils peuvent se comporter différemment de ce qu'on attend d'eux en tant qu'individus. Malgré le caractère un peu général de son propos en ce qui concerne ce sujet, de Ste. Croix fait une remarque assez juste, en substituant à la catégorie de classe, la catégorie d'« état », puisque les règles que les collectivités mettent en place pour juger l'action des États sont différentes que celles qui sont utilisées pour juger l'action singulière d'un individu. Les mêmes crimes commis par un État ne sont pas condamnés par la communauté internationale en tant que tels, tandis qu'ils le seraient étant l'acte d'un seul être humain : citons simplement Hiroshima, Nagasaki, Viêt-Nam, Dresde, Bosnie, Irak et Afghanistan pour ne penser qu'aux cent dernières années.

Mais, de Ste. Croix donne des exemples plus proches du contexte historique de l'Antiquité grecque et romaine. Tout d'abord, les jugements de l'historien grec d'expression latine, Ammianus Marcellinus (né vers 330, mort vers 395 après notre ère) qui parle des généraux romains qui se sont battus contre les « barbares » ou les révoltés, sans aucune sorte de critique à l'égard des premiers et qu'il se réfère à des opinions des anciens théoriciens du droit romain, que parfois même les innocents peuvent être tués et qu'il ne condamne pas l'assassinat des enfants des Maratocupreni[95]. Ensuite, il prend comme exemple les rapports mutuels entre maîtres et esclaves en Grèce et dans la Rome antique. Il avait déjà dit que les Romains punissaient atrocement les esclaves qui se révoltaient ou fuyaient, ainsi que ceux qui étaient jugés en tant que responsables du meurtre de leur maître ou de ne pas l'avoir protégé en cas de danger.

En ce qui concerne la Grèce, il y avait le cas des éphores qui lorsqu'ils prenaient leurs charges à Sparte, ils assassinaient une partie des ilotes et ce meurtre, faisait partie d'une cérémonie instituée au sein de la cité spartiate et était complètement justifiable par la communauté, pour ne pas dire nécessaire à ses yeux[96]. De Ste. Croix comprend cette cérémonie en tant qu'une expression des rapports des classes entre les exploités et les exploiteurs, une sorte de règlement des comptes. Tout cela est bien vrai, mais l'assassinat généralisé des ilotes exprimait aussi une possibilité permanente, leur extermination complète et de

---

[95] Voir Ammianus Marcellinus, *Res gestae* 28, 2, 11-14.

[96] Indépendamment de cette cérémonie, les Spartiates pratiquaient l'assassinat des jeunes ilotes en d'autres occasions. La plupart des fois, il s'agissait de plus dangereux pour l'ordre établi de Sparte, donc des suspects meneurs des troubles. Le passage à l'âge adulte pour un spartiate se marquait aussi par l'assassinat d'un ilote. Malheureusement, on ne peut pas entrer dans le détail de ce sujet, du comportement des spartiates à l'égard des ilotes, et aussi dans un plan plus général du statut spécifique de l'esclave dans le monde grec et surtout des punitions ou des tortures que les maîtres leur infligeaient en cas de révolte, ou de désobéissance. Il y a aussi la question des tortures faites aux esclaves à Athènes pendant la démocratie dans les tribunaux, comme un moyen d'extraire la vérité – même Démosthène en parlait comme quelque chose qui allait de soi –, pratique bien contestable, puisque les esclaves allaient forcement avouer ce que les maîtres voulaient écouter devant la peur de la torture.

plus, il incitait les spartiates à considérer le meurtre d'un esclave et ennemi potentiel – il ne faut pas oublier que la majorité des ilotes provenait de Messénie, à savoir que c'était des populations vaincues et soumises pour des générations entières à l'esclavage – comme quelque chose de normal et de légitime que chaque maître-spartiate devait réaliser.

Ainsi, la position de De Ste. Croix consiste à dire que les classes sociales et leurs luttes en Grèce et dans la Rome antique peuvent être aperçues à travers le comportement des participants à cette guerre. Selon lui, les atrocités commises font partie et sont le résultat d'un conflit mené par de classes sociales[97].

Après avoir parlé de certains exemples historiques de lutte des classes, on continuera en regardant de plus près quelques explications et précisions données par de Ste. Croix au sujet de la lutte des classes. L'historien britannique va essayer de spécifier la définition de la lutte des classes, puisque parler simplement « des classes » est plus plausible, alors que parler de la lutte des classes ne va pas de soi. L'insistance de De Ste. Croix sur le fait d'appeler son livre « *la lutte des classes* » au singulier, au lieu de dire « *les luttes des classes* » consiste en sa conviction que la lutte des classes est la caractéristique principale des sociétés ayant déjà dépassé les premiers stades d'organisation sociale, comme par exemple la tribu. Comme on l'a déjà

[97] De Ste. Croix donne comme exemple historique de la lutte des classes, le massacre de plus de sept cent citoyens de la cité d'Égine, après la fin de la révolte qui avait lieu dans l'île au début du 5ème siècle avant notre ère (voir Hérodote, *Enquête*, VI. 88-91) qui probablement était l'œuvre des riches et aussi, de la guerre civile à Corfou au commencement de la guerre du Péloponnèse (431-404 avant notre ère), entre les membres du *δήμου*, dont certains entre eux sont endettés et de l'autre côté les *ὀλίγοι*, dont certains étaient très riches.

remarqué, Marx et Engels n'ont jamais prétendu avoir découvert les classes[98], mais avoir conceptualisé leur opposition et leurs rapports conflictuels. De Ste. Croix pense que leur existence signifie conséquemment leur lutte[99], au sens où on peut utiliser à la place de la lutte, des concepts tels que l'opposition, les conflits ou les antagonismes[100], qui structurent dans un niveau plus concret la lutte des classes. Ainsi, on comprend que le terme de classe chez Marx a plusieurs niveaux de signification et de concrétisation dans le réel et que les termes qu'on vient de mentionner peuvent être utilisés dans un contexte pareil. Par exemple, il revenait souvent sous la plume de Marx de s'exprimer avec le terme *Gegensatz* ou *Klassengegensatz*, pour traduire les tensions entre les classes sociales dans la société bourgeoise.

Il est vrai que Marx n'a pas étudié exhaustivement les formations précapitalistes, de la même façon qu'il l'avait fait pour la société capitaliste. S'il y a une période à laquelle il se réfère d'une façon récurrente, c'est le Moyen Âge et

---

[98] Voir la lettre de Marx à Weydemeyer écrite en 1852, qu'Étienne Balibar cite dans le *Dictionnaire critique du marxisme*, p. 678, où il y a la référence à des historiens bourgeois, qui ont déjà employé la notion de lutte des classes, c'est-à-dire Augustin Thierry, François Guizot, Adolphe Thiers et François-Auguste Mignet.

[99] On doit admettre que le marxisme est tombé plusieurs fois dans le piège de l'automatisme ou d'un déterminisme, qui le menait parfois à oublier d'autres facteurs historiques. Pour cela, voir la lettre d'Engels qu'on a cité où il reconnaît que lui et Marx avaient accordé une importance capitale aux facteurs économiques, mais qu'ils étaient bien conscients du rôle de la religion, de la politique, de la philosophie et de l'art dans le processus historique.

[100] Cette position de De Ste. Croix, nous rappelle la thèse de Michel Foucault soutenue pendant les années soixante-dix, qui consistait à dire qu'il est plus plausible de parler des conflits ou des résistances au sein de la « société du contrôle » au cadre de sa théorie du micro-pouvoir et des oppositions qui sont créées.

surtout le passage de ce système de production basé sur l'agriculture, à la naissance de l'industrie dans la perspective de la transformation de la division du travail, en utilisant des termes comme « féodalité » ou « féodalisme » la plupart des fois. Les références les plus abondantes se trouvent dans la partie sur Feuerbach dans l'*Idéologie allemande* et dans les *Grundrisse*, où Marx met l'accent sur le rôle du commerce, de l'usure, du système corporatif et sur l'opposition entre les structures rurales et les structures urbaines avec le développement des villes à la fin du Moyen Âge et dans le *Capital*, où il s'agit aussi du commerce, du rôle de la Réforme à l'accumulation primitive comme il dit et surtout de la rente foncière où le penseur allemand découvre la catégorie générale subsumant toutes les formes précapitalistes d'extorsion, celle de la plus-value (la rente). Néanmoins, Marx analyse d'une façon morcelée ces processus, lorsqu'il s'agit du Moyen Âge et de la société féodale, sans essayer de mettre en évidence le mode de production féodale et de plus, les références au système féodal lui servent à créer un contexte d'opposition historique entre la féodalité et le mode de production capitaliste.

Un autre point sur lequel De Ste. Croix porte son attention, c'est un extrait du deuxième livre du *Capital*, où Marx dit ceci : « *Les formations économiques et sociales, par exemple la société esclavagiste et la société salariée, elles se distinguent entre elles uniquement à la forme avec laquelle est extraite du producteur direct, du travailleur ce surtravail* »[101].

Selon Marx ce qui distingue une société d'une autre, c'est le mode d'exploitation et cette idée peut être valable

---

[101] K. Marx, *Le Capital*, Livre III, p. 34, édition anglaise citée par de Ste. Croix, *op.cit*, p. 81.

pour la société esclavagiste, aussi bien que pour la société bourgeoise. La classe est pour de Ste. Croix, *la manière avec laquelle l'exploitation se reflète et se reproduit dans une formation sociale*. Mais comment Marx déduit-il de l'exploitation la structure de la formation économique ? De Ste. Croix cite ce passage du *Capital*, afin de répondre à cette question :

> *La forme économique spécifique, avec laquelle le travail impayé est extrait des producteurs directs, elle détermine le rapport de domination et de servitude, telle qu'elle émerge directement de la production et qu'à son tour, elle réagit décisivement sur elle. Mais, sur elle est basée toute la formation de la communauté économique qui émerge des mêmes rapports de production et qu'en même temps avec elle, elle émerge sa forme politique concrète. En tout cas, dans le rapport direct des propriétaires des termes de production avec les producteurs directs – un rapport que chaque fois sa propre forme correspond toujours, avec naturalité à une échelle déterminée de développement de la manière de travail, et donc à sa force sociale productive – on trouve le secret le plus intérieur, la base cachée de toute la structure sociale, conséquemment, de la forme politique du rapport de domination et de dépendance, plus simplement de la forme étatique chaque fois spécifique. Cela n'empêche pas la base économique elle-même – elle-même en accord avec ses termes fondamentaux – de pouvoir, grâce à d'innombrables situations empiriques différentes, à des termes naturels, des rapports entre les races, à des influences historiques extérieures, etc., présenter des variations infinies et des échelles quant à la forme, qu'elles peuvent être comprises qu'à travers l'analyse de ces cas empiriques déjà donnés*[102].

On comprend que Marx insiste – si on suit la lecture de De Ste. Croix – sur la façon avec laquelle le surplus du travail productif est extrait au profit des classes dirigeantes d'une société. Plus particulièrement, de Ste. Croix expose la thèse marxiste par excellence, lorsqu'il s'agit de l'Antiquité grecque et romaine : celle de la centralité et de l'importance

---

[102] K. Marx, *Le Capital*, Livre III, chapitre 47, sous-chapitre 2, cité par de Ste. Croix, *op.cit*, p. 82

capitale de l'esclavage accordée par les historiens marxistes, en tant que base de la société grecque antique, sans laquelle il n'y aurait pas ce qu'on appelle parfois « le miracle grec ». De Ste. Croix pense que le travail forcé, comme l'appelait Marx, avait un rôle central tant dans la Grèce antique qu'à Rome :

Notre argument est que celui était le mode de production principal avec lequel les classes possédantes du monde antique s'appropriaient leur surplus, indépendamment si la plus grande partie dans la totalité de la production provenait ou non du travail forcé. Il est vrai qu'approximativement jusqu'à 300 après notre ère, les petits, libres producteurs indépendants (surtout des paysans, mais des artisans et des commerçants) qui travaillaient tant ou presque afin qu'ils puissent survivre, et qu'ils n'étaient ni des esclaves ni serfs, ils étaient indubitablement la plus grande majorité absolue de la population dans la plupart des régions du monde grec (et romain) pour une grande période de temps c'était la responsabilité d'une considérable partie de sa production totale – et même de la plus grande, à l'exception de certains cas spéciaux, surtout en Italie au dernier siècle préchrétien, lorsqu'il y avait des masses des esclaves disponibles à bon marché, et naturellement à Athènes et quelques villes grecques pendant le 5ème et le 4ème siècle avant notre ère, lorsque les esclaves étaient aussi à bon marché { ...}. On peut, donc, considérer le monde grec antique en tant qu'une « économie esclavagiste » (au sens large du terme), malgré le fait que toujours, ou presque toujours, une minorité de la population libre (essentiellement ce que j'appelle par « la classe aisée ») était celle qui s'en profitait du travail forcé à une échelle considérable, tandis que la majorité – la plupart des fois la grande majorité – des libres Grecs et Romains étaient des paysans qui n'utilisaient presque aucun autre travail que le leur et de leurs familles et donc, ils ne vivaient pas dans un niveau beaucoup plus élevé de la simple survie[103].

Aristote aussi se référait aux conditions d'existence pénibles des paysans pauvres et des petits propriétaires de terres. Ils étaient forcés d'utiliser la main-d'œuvre de leurs femmes et de leurs enfants, à cause du manque d'escla-

---

103 *Ibid.*, p. 83.

ves[104]. Marx de son côté considérait la Grèce et Rome, au moins pendant la période de leur épanouissement, comme des sociétés esclavagistes (*Sklavenhaltergesellschaft*) et comme il écrivait dans les *Grundrisse*, « *le travail forcé direct était le fondement du monde antique* ». Néanmoins et avant de parler d'une tendance dogmatique et unilatérale de la part de Marx, qui essaierait de réduire et ramener tout à l'esclavage, il faudra nous rappeler quelque chose qui est assez souvent oublié : le rôle que Marx accordait au développement du monde antique aux paysans, par exemple à Athènes[105] et plus concrètement, à l'existence de la petite propriété foncière qui dominait « *aux meilleures époques du monde antique et était la base économique de ces sociétés avant que l'esclavage s'impose à la production* »[106]. De ce fait, on voit bien que la pensée de Marx reste assez nuancée et qu'en même temps, elle fait un effort inlassable pour comprendre une multitude de facteurs de l'histoire sociale et économique du passé.

Une chose qui cause parfois des vivantes critiques au sujet de la pensée marxienne et de l'interprétation marxiste du monde antique, c'est le fait que Marx s'intéresse principalement à une compréhension radicale et transfor-

---

[104] Aristote, *Les Politiques*, VI. 8, p. 445.

[105] Cornelius Castoriadis trouvait pertinente cette opinion de Marx concernant la démocratie athénienne et la cité antique en général, quand il soutenait que la démocratie du 5ème siècle n'a pas été fondée exclusivement sur l'esclavage – notons que le travail des esclaves dans les mines du Laurion a quand même joué un rôle déterminant dans le développement de la thalassocratie d'Athènes durant le 5ème siècle avant notre ère – mais également, sur le travail et la production indépendante des petits cultivateurs. Voir ce que Castoriadis en disait dans sa conférence donnée en grec, *Η αρχαία ελληνική δημοκρατία και η σημασία της για μας σήμερα*, (*La démocratie grecque et sa signification pour nous aujourd'hui*), p. 55, Éditions Ypsilon, Athènes, 2005.

[106] K. Marx, *Le Capital*, Livre I, p. 350 et livre III, p. 991.

matrice des termes économiques et sociaux du monde bourgeois et capitaliste, tandis que son intérêt pour l'Antiquité grecque et romaine – bien qu'il ait été un bon connaisseur de ces sociétés, compte tenu du savoir de son époque – reste sans doute morcelé et épisodique. Le livre de De Ste. Croix[107], qu'on n'a pas pu résumer dans son intégralité, reste quand même une entreprise intellectuelle sérieuse, en ce qui concerne la méthode et les prémisses théoriques dont l'auteur fait usage et parce qu'il essaie d'expliquer les transformations historiques d'un point de vue très précis, celui de la lutte des classes. Bien plus, il parvient à mettre en lumière le fait que pour Marx, la notion de classe n'est pas quelque chose d'immuable, mais de dynamique, de changeant et d'intimement lié au concept d'exploitation. Lors d'une conférence, l'historien britannique avait résumé sa tentative de réfléchir sur l'Antiquité à partir d'une position marxienne fondamentale : *la classe est en réalité une relation historique d'exploitation.* Plus spécifiquement, il écrivait ceci :

> *Pour donner plus de corps à ma très brève définition : la classe (comme je l'ai affirmé dans le chapitre II, sous-partie ii de mon livre) est l'expression sociale collective du fait de l'exploitation, la manière dont l'exploitation est intégrée dans une structure sociale. (Par « exploitation », j'entends évidemment l'appropriation d'une partie du produit du travail d'autrui : dans une société productrice de marchandises, c'est l'appropriation de ce que Marx appelle « plus-value ».) La classe est essentiellement une* relation *– de même que le* capital*, un autre des concepts de base de Marx, est explicitement décrit par lui, dans une dizaine de passages que j'ai relevés, comme « une relation », « un rapport social de production », et ainsi de suite*[108].

---

[107] Malheureusement, on est obligé de ne pas entreprendre l'analyse des arguments de De Ste. Croix, au sujet même des questions historiques spécifiques, en tenant compte de la longueur du livre, des limites de notre thématique et du fait que cela dépasserait nos propres compétences.

[108] G. E. M. De Ste. Croix, *Classe et lutte de classes dans l'Antiquité*, traduit par Victor Gysembergh. Texte initialement prononcé le 28

Ainsi, les classes sociales et leurs conflits historiques peuvent être conçus comme des *rapports que les êtres humains forment lorsqu'ils font leur histoire, produisent et reproduisent leur vie sociale*[109]. En outre, une classe sociale est l'effet historique d'un ensemble des pratiques sociales qu'un groupe humain exerce et impose sur un autre groupe humain, notamment par le biais du travail. Dans le cadre d'une interprétation des mutations sociales et historiques de la Grèce antique, de Ste. Croix s'est donné comme tâche de mettre en perspective la centralité tantôt au niveau pratique, tantôt au niveau idéologique et théorique des oppositions multiples et variées qui ont eu lieu au fil de plusieurs siècles. De là, la méthode marxienne nous paraît être capable d'éclaircir d'une façon, certes qui n'est pas indiscutable, définitive ou unique, mais qui est fructueuse,

---

novembre 1983 et paru sous le titre de « *Class in Marx's conception of history, ancient and modern* » dans la *New Left Review* I/146, en juillet-août de 1984, consulté en ligne, URL : http://revueperiode.net/classe-et-lutte-de-classes-dans-lantiquite/.

[109] Dès 1845, Marx insistait sur le fait qu'une classe sociale est constituée *comme une façon de passer à l'acte, de produire et d'œuvrer ensemble, sous certaines conditions matérielles bien déterminées*. Autrement dit, selon Marx, la classe est pour les êtres humains une *relation* et une *modalité historique, chaque fois spécifique de coexistence*. Il notait sur ce sujet : «*...des individus déterminés qui ont une activité productive selon un mode déterminé entrent dans des rapports sociaux et politiques déterminés. Il faut que, dans chaque cas particulier, l'observation empirique montre dans les faits, et sans aucune spéculation ni mystification, le lien entre la structure sociale et politique et la production. La structure sociale et l'État résultent constamment du processus vital d'individus déterminés ; mais de ces individus non point tels qu'ils peuvent s'apparaître dans leur propre représentation ou apparaître dans celle d'autrui, mais tels qu'ils sont* en réalité, *c'est-à-dire, tels qu'ils œuvrent et produisent matériellement ; donc tels qu'ils agissent dans des limites, des présuppositions et des conditions matérielles déterminées et indépendantes de leur volonté* », (c'est Marx qui souligne) in K. Marx-F. Engels, *L'idéologie allemande*, p. 19.

la structure complexe des formations sociales de l'Antiquité grecque[110]. En d'autres mots, comprendre l'Antiquité

---

[110] On veut dire par là, qu'il ne suffit pas simplement d'appliquer le schéma de la lutte des classes à l'ensemble des formations sociales de l'Antiquité, pour comprendre et déchiffrer une bonne fois pour toutes leur histoire. La plupart des fois, la lutte des classes en Grèce et à Rome, n'était pas homogène et ne visait pas non plus l'abolition de l'esclavage ou de la propriété privée et l'instauration d'un contrôle collectif sur la terre et les moyens de production. Les conditions de vie d'un esclave à Athènes du cinquième siècle avant notre ère, n'étaient pas les mêmes que celles d'un esclave, qui travaillait dans les mines en Égypte au premier siècle avant notre ère. Les révoltes et les guerres serviles menées par les esclaves n'avaient pas toujours les mêmes causes et objectifs que les révoltes menées par ceux qui cultivaient la terre, mais sans la posséder. Certaines fois, les maîtres employaient des esclaves afin de supprimer les soulèvements de leurs propres esclaves. Bien plus, si on se tourne vers les textes des auteurs grecs, ces soulèvements n'ont pas mis en cause l'esclavage, comme rapport social et économique d'exploitation. Cela dit, ils n'ont pas essayé de supprimer cette structure sociale-historique en tant que telle. Ils ont plutôt tenté de réaliser une redistribution de la terre et dans la forme la plus extrême de leurs luttes, de renverser le rôle des opprimés et des exploités dans la hiérarchie sociale existante, c'est-à-dire prendre la place du maître. Du reste, un autre problème auquel on a affaire est le peu de choses que les textes grecs nous transmettent sur ces révoltes. En ce qui concerne Spartacus et la Troisième Guerre servile, Plutarque consacre quelques paragraphes dans la *Vie de Crassus* (chapitres 8-11) et Appien nous donne quelques informations dans le quatorzième chapitre du premier livre des *Guerres civiles à Rome*. Au sujet d'Aristonicos, plus connu sous le nom d'Eumène III, qui revendique le pouvoir royal de la dynastie des Attalides, en s'opposant à Rome pendant les années 133-129 avant notre ère et soulève une partie de la population de l'Asie mineure de l'ouest, tentative qui va être finalement écrasée, ce sont Florus, Justin du côté romain et Strabon (*Géographie*, livre quatorze, chapitre I, paragraphe 38) du côté grec qui nous renseignent. Mais, les historiens se disputent encore sur la nature du mouvement d'Aristonicos. Est-ce que c'était une révolte dirigée contre le pouvoir romain ou plutôt un soulèvement des populations pauvres et serviles de l'Asie mineure ? Il y a l'opinion selon laquelle, il s'agissait en vérité du seul effort dans le monde antique de supprimer l'esclavage et d'instaurer une communauté

grecque comme un processus historique conflictuel et antagonique, mené par de groupes sociaux et non simplement par des individus qui feraient l'histoire par leur propre action isolée.

---

humaine complètement égalitaire. D'après une autre vision des choses, Aristonicos était un simple usurpateur qui n'avait aucun désir d'abolir l'esclavage. On voit alors bien que, lorsqu'on essaie de comprendre l'histoire du monde antique à partir d'une perspective marxiste, il faut éviter d'expliquer tout en se fondant uniquement sur la lutte des classes. Il serait plus fructueux de se centrer *également* sur la compréhension des rapports sociaux et économiques conflictuels, produits au sein des formations historiques de la Grèce antique. Autrement dit, appréhender l'histoire de ces formations à travers les rapports interhumains antagoniques et les relations que chaque sphère de l'activité humaine (l'art, la philosophie, les croyances religieuses, l'économie, la politique et le travail) entretient avec l'ensemble de la société.

Bibliographie

Althusser Louis, *Sur la philosophie*, Éditions Gallimard, Paris, 1994.

Aristote, *Les Politiques*, traduit par Pierre Pellegrin, Éditions Flammarion, Paris, 1999.

Baudrillard Jean, *Le miroir de la production*, Éditions Galilée, Paris, 1981.

Bensussan Gérard, Labica Georges, *Dictionnaire critique du marxisme*, Éditions PUF, collection « Quadrige », Paris, 1982.

Castoriadis Cornelius, *L'institution imaginaire de la société*, Éditions du Seuil, Paris, 1975.

- *Les carrefours du labyrinthe 1,* Éditions du Seuil, collection « Points Essais », Paris, 1978.
- *Ce qui fait la Grèce : D'Homère à Héraclite*, tome I, Éditions du Seuil, collection « La Couleur des idées », Paris, 2004.
- *Ce qui fait la Grèce : La cité et les lois*, tome II, Éditions du Seuil, collection « La Couleur des idées », Paris, 2008.
- *Η αρχαία ελληνική δημοκρατία και η σημασία της για μας σήμερα*, (*La démocratie grecque et sa signification pour nous aujourd'hui*), Éditions Ypsilon, Athènes, 2005.

Chryssis Alexandros, *Ο Μαρξ της εξέγερσης στον κήπο του Επίκουρου* (*Marx de la révolte dans le jardin d'Épicure*), Éditions Govostis, Athènes, 2003.

Cornu Auguste, *Karl Marx et Friedrich Engels. Leur vie et leur œuvre.* Tome premier : *Les années d'enfance et de jeunesse. La gauche hégélienne*, 1818/1820–1844, PUF, Paris, 1955.

Debord Guy, *La Société du Spectacle* (1967), Éditions Gallimard, collection « folio », Paris, 1992.

Engels Friedrich, *Anti-Dühring,* traduit par Émile Bottigelli, Éditions Sociales, Paris, 1971.
- *L'origine de la famille de la propriété privée et de l'État*, traduit par Jeanne Stern et d'Émile Bottigelli, Éditions Sociales, Paris, 1972.
- *La guerre des paysans en Allemagne, Notes pour la « Guerre des paysans », La décadence de la féodalité et l'essor de la bourgeoisie*, traduit et entièrement revu par Émile Bottigelli, Éditions Sociales, Paris, 1974.
- *Dialectique de la nature*, traduit par Émile Bottigelli, Éditions Sociales, Paris, 1968.

Eschyle, *Prométhée enchaîné,* traduit par Émile Chambry, Éditions GF Flammarion, Paris, 1964.

Finley Moses I, *Esclavage antique et idéologie moderne*, Éditions du Minuit, collection « Le sens commun », Paris, 1981.

Gabaude Jean-Marc, *Le jeune Marx et le matérialisme antique*, Éditions Privat, Toulouse, 1970.

Henry Michel, *Marx I. Une philosophie de la réalité*, Éditions Gallimard, collection « Tel », Paris, 1991.
- *Marx II. Une philosophie de l'économie*, Éditions Gallimard, collection « Tel », Paris, 1991.

Hegel G.W.F, *Leçons sur la philosophie de l'histoire*, traduit par Kostas Papaioannou, Éditions 10/18, Paris, 2003.

- *Principes de la philosophie du droit,* traduit par André Kann et préfacé par Jean Hyppolite, Éditions Gallimard, Paris, 1940.

Lénine Vladimir Ilitch Oulianov, *Les trois sources de la pensée de Marx*, in *Sur Marx et Engels*, Éditions du Progrès, Moscou, 1977.

Lukács Georg, *Histoire et conscience de classe*, traduit par Kostas Axelos et Jacqueline Bois, Éditions de Minuit, collection « Arguments », Paris, 1960.
- *Le jeune Marx. Son évolution philosophique de 1840 à 1844*, traduit par Pierre Rusch et préfacé par Jean-Marie Brohm, Les Éditions de la Passion, Paris, 2002.
- *Prolégomènes à l'ontologie de l'être social*, traduit par Aymeric Monville et relu par Didier Renault, Éditions Delga, Paris, 2009.

Markovits Francine, *Marx dans le jardin d'Épicure*, Éditions de Minuit, Paris, 1973.

Marx Karl, *Le Capital,* Livre I, traduit sous la responsabilité de Jean-Pierre Lefebvre, PUF, collection « Quadrige », Paris, 1993.
- *Le Capital,* Livre II et III, traduit et annoté par Maximilien Rubel, Éditions Gallimard, collection « folio essais », Paris, 2008.

- *Œuvres Philosophiques*, volume I, traduit par Jules Molitor, Éditions Champ Libre, Paris, 1981.
- *Grundrisse, Fondements d'une critique de l'économie politique*, traduit par Roger Dangeville, volumes I et II, Éditions anthropos, Paris, 1969.
- *Les Grundrisse*, volume I, publié sous la responsabilité de Jean-Pierre Lefebvre, Éditions Sociales, Paris, 1980.
- *Le 18 brumaire de Louis Bonaparte*, traduit par Léon Rémy et Jules Molitor, Éditions La Table Ronde, Paris, 2001.
- *L'Idéologie allemande* (écrite avec Friedrich Engels) présentée et annotée par Gilbert Badia, traduit par Henri Auger, Gilbert Badia, Jean Baudrillard, Renée Cartelle, Éditions Sociales, Paris, 1976.
- *L'Introduction à la Critique de la philosophie du droit de Hegel*, traduit par Eustache Kouvélakis, Éditions Ellipses, collection « Philo-textes », Paris, 2000.
- *Misère de la philosophie*, Éditions Sociales, Paris, 1977.
- *Manifeste du parti communiste* (coécrit avec Engels), traduit par Émile Bottigelli, Éditions GF Flammarion, Paris, 1999.
- *Marx-Engels Werke,* Band 3, Dietz Verlag, Berlin, 1958.
- *Marx-Engels Werke*, Band 7, Dietz Verlag, Berlin, 1978.
- *Marx-Engels Werke*, Band 40, Dietz Verlag, Berlin, 2012.
- *Marx–Engels-Werke,* Ergänzungsband, 1. Teil, Dietz Verlag, Berlin, 1968.

De Ste. Croix Geoffrey Ernest Maurice, *Ο ΤΑΞΙΚΟΣ ΑΓΩΝΑΣ ΣΤΟΝ ΑΡΧΑΙΟ ΕΛΛΗΝΙΚΟ ΚΟΣΜΟ. ΑΠΟ ΤΗΝ ΑΡΧΑΙΚΗ ΕΠΟΧΗ ΩΣ ΤΗΝ ΑΡΑΒΙΚΗ*

ΚΑΤΑΚΤΗΣΗ, Éditions Kedros, traduit par Giannis Kritikos, Athènes, 1997 et titre original : *The Class Struggle in the Ancient Greek World from the Archaic Age to the Arab Conquests*, Cornell University Press, London, 1981.
- *Classe et lutte de classes dans l'Antiquité*, traduit par Victor Gysembergh. Article initialement paru sous le titre de « *Class in Marx's conception of history, ancient and modern* » dans la *New Left Review* I/146, juillet-août 1984, consulté en ligne, URL : http://revueperiode.net/classe-et-lutte-de-classes-dans-lantiquite/.

Renault Emmanuel, *Marx et l'idée de critique,* PUF, Paris, 1995.
- *Marx et la philosophie*, PUF, collection « Actuel Marx confrontation », Paris, 2014.

Ricœur Paul, *L'idéologie et l'utopie*, traduit de l'anglais par Myriam Revault d'Allones et Jo ël Roman, Éditions du Seuil, collection « La couleur des idées », Paris, 1997.

Sève Lucien, *Penser avec Marx aujourd'hui. I. MARX ET NOUS*, Éditions La Dispute, Paris, 2004.
- *Penser avec Marx aujourd'hui*, et *L'homme ?*, Éditions La Dispute, Paris, 2008.
- *Penser avec Marx aujourd'hui. III*, « *La philosophie » ?*, Éditions La Dispute, Paris, 2014.

Spinoza Baruch, *Éthique*, in *Œuvres complètes*, traduit par Madeleine Francès, Gallimard, Bibliothèque de la Pléiade, Paris, 1954.

Thucydide, *La Guerre du Péloponnèse,* texte présenté, traduit et annoté par Denis Roussel, Éditions Gallimard, collection « Folio », Paris, 2000.

Vernant Jean-Pierre, *Remarques sur la lutte de classe dans la Grèce ancienne*, in *Eirene 4*, p. 5-19, 1965.

Vidal-Naquet Pierre, *Réflexions sur l'historiographie grecque de l'esclavage*, in *Actes du Colloque sur l'esclavage*, p. 25-44, Annales littéraires de l'Université de Besançon 140, Paris, 1972.
- *Les esclaves grecs étaient-ils une classe ?*, in *Raison présente 6*, p. 103-112, 1968.
- *Le chasseur noir. Formes de pensées et formes de société dans le monde grec*, p. 211-221, Éditions La Découverte, Paris, 1991.

Table des matières

Philosophie

aux éditions L'Harmattan

Dernières parutions

LE COMBAT PHILOSOPHIQUE DE MAURICE BLONDEL CONTRE LA DOUBLE IGNORANCE DES MASSES
Diakiodi Adrien
Il existe deux types d'ignorance que Maurice Blondel, philosophe, sociologue et théologien français, invite tout homme à combattre énergiquement pour éviter la disparition prématurée de l'espèce humaine, mais également celle de la planète Terre. Il y a, d'une part, l'ignorance de soi-même, de son être en perpétuel devenir et, d'autre part, celle de ses semblables, de son environnement, du monde physique et de l'Unique nécessaire. Ce livre s'assigne comme objectif de vulgariser les armes pour combattre ces deux fléaux, armes présentées dans sa thèse de doctorat qui l'a rendu célèbre : L'Action (1893).
(Coll. Ouverture Philosophique, 12.50 euros, 100 p.)
ISBN : 978-2-343-07377-4, ISBN EBOOK : 978-2-336-39896-9

CORPS ET POP CULTURE
Bischoff Jean-Louis
Quelles sont les principales représentations pop culturelles du corps ? Pour y répondre, Jean-Louis Bischoff interroge des musiques actuelles, la cyberlittérature, le cinéma et l'industrie de la forme. Faire apparaître et scruter les catégories de « corps réduit », d'« hyper corps », de « corps digitalisé » ou de « corps écrit », de « corps utopique » et de « corps fardeau », puis ausculter la notion de corps réel et pointer les dangers d'un nouveau purisme sont les tâches que se donne l'auteur.
(Coll. Ouverture Philosophique, 19.00 euros, 184 p.)
ISBN : 978-2-343-07378-1, ISBN EBOOK : 978-2-336-39709-2

DE DERRIDA À LÉVINAS, LA DETTE ET L'ENVOI
Le temps de l'autre – La déconstruction et l'invention du futur
Badleh Jalal
La Déconstruction est le nom de la pensée de l'évènement. Mais elle est aussi l'événement, le nom de ce qui arrive, la justice ou l'impossible. Comment s'opère la coordination entre ces deux définitions ? Qu'est-ce qu'un questionnement déconstructif ? Quelle est la place du sujet postdéconstructif dans cette opération ? Cet ouvrage essaie de répondre à ces questions à travers le dialogue qui a eu lieu entre Jacques Derrida et Emmanuel Lévinas.
(Coll. Ouverture Philosophique, 31.00 euros, 290 p.)
ISBN : 978-2-343-07449-8, ISBN EBOOK : 978-2-336-39841-9

FIGURES PHILOSOPHIQUES DU CONFLIT
Sous la direction d'Andreas Wilmes, Joan-Antoine Mallet
L'ambition de cet ouvrage est d'illustrer à la fois comment la philosophie conceptualise le conflit et comment elle s'efforce d'en résoudre les dangers inhérents. Plutôt que de proposer un aperçu purement abstrait de la notion de « conflit », l'ensemble des travaux se focalise sur la confrontation des philosophes à des problèmes historiques tels que la guerre, la dissension sociale, la tyrannie, ou encore le sport.
(Coll. Ouverture Philosophique, 24.50 euros, 238 p.)
ISBN : 978-2-343-07356-9, ISBN EBOOK : 978-2-336-39796-2

FRONTIÈRES DU VISAGE
(Analogique-numérique)
Boisnard Philippe
À travers une histoire de la représentation, cet essai tente d'interroger la question de l'effacement du visage. Si, pendant longtemps, cet effacement était dû à des stratégies de pouvoir, politiques et économiques, il semblerait qu'avec la démocratisation des technologies, peut-être, ceux qui étaient les effacés de l'histoire de la représentation peuvent enfin apparaître. Mais, à l'ère des réseaux, est-ce aussi simple ?
(Coll. Eidos série Retina, 13.00 euros, 110 p.)
ISBN : 978-2-343-07979-0, ISBN EBOOK : 978-2-336-39795-5

HEIDEGGER ET LE PROBLÈME DE LA MÉTAPHYSIQUE
Balazut Joël
Dès 1935 Heidegger retrouve le sens originel de la métaphysique dans la conception présocratique de l'être comme « phusis ». Sur cette base il va interpréter la métaphysique traditionnelle qui apparaît avec Platon pour culminer chez Nietzsche dans une ontologie de la vie et qui prépare le règne moderne de la technique planétaire, comme un «déni» radical de ce sens originel. L'un des intérêts de cette interprétation de la métaphysique, et non des moindres, est ainsi de rendre compte de la signification de la vogue actuelle des philosophies de la vie.
(Coll. Ouverture Philosophique, 14.00 euros, 122 p.)
ISBN : 978-2-343-07296-8, ISBN EBOOK : 978-2-336-39840-2

L'IRONIE DE SOCRATE – Essai sur l'ironie philosophique
Mestiri Samir
Contrairement à l'ironie polémique et insidieuse des sophistes, celle de Socrate est plutôt interrogeante, désirante et ex-centrique, toujours en quête de connaissance vraie. Le fameux « je sais que je ne sais rien » devient chez lui un outil de défigement de la pensée prisonnière des « systèmes compacts », mais, aussi le meilleur remède contre les pseudo-vérités religieuses et idéologiques.
(Coll. Ouverture Philosophique, 12.50 euros, 106 p.)
ISBN : 978-2-343-07035-3, ISBN EBOOK : 978-2-336-39779-5

MATHÉMATIQUES ET FRONTIÈRES
Baudrand Gabriel
Gabriel Baudrand, professeur agrégé de mathématiques, s'intéresse au thème de la frontière. La perception commune du mathématicien est celle d'un technicien

enfermé dans son monde, qui dresse une frontière entre son activité et le reste de la vie. Le formalisme de cette science entretient cette frontière alors que paradoxalement les mathématiques sont partout et que le concept même de frontières est mathématique. Autant de pistes de réflexions que l'auteur nous invite à explorer.
(Coll. Eidos série Retina, 12.50 euros, 104 p.)
ISBN : 978-2-343-07951-6, ISBN EBOOK : 978-2-336-39764-1

MÉLANGES OFFERTS À RENÉ SCHÉRER
Sous la direction de Constantin Irodotou
René Schérer, né en 1992, a été l'un des fondateurs du département de philosophie de l'université de Vincennes. Ami de Foucault, Châtelet, Deleuze, Lyotard, Bensaïd, Badiou, Rancière, Brossat, etc. Il se penche d'abord sur Husserl et Heidegger, puis s'intéresse à Charles Fourier. Militant de mai 68, il entreprend, dans son *Émile perverti*, une critique de la pédagogie. Il réactualise aussi, avec Guy Hocquenghem, le concept philosophique d'âme. «Utopie», «âme» et «hospitalité» sont les trois concepts clefs pour aborder son œuvre.
(Coll. Quelle drôle d'époque !, 38.50 euros, 374 p.)
ISBN : 978-2-343-07527-3, ISBN EBOOK : 978-2-336-39809-9

LA PENSÉE ESTHÉTIQUE DE JOSÉ VASCONCELOS DANS SON SENS ORIGINAIRE
Le contexte historiographique de la philosophie en Amérique hispanique
Luquín Guerra Roberto
La philosophie latino-américaine s'est divisée en deux orientations principales : soit dévalorisée parce que l'on considérait qu'elle ne faisait que reprendre la pensée européenne ; soit on a tenté de la sauver à partir de perspectives étrangères à la philosophie. Roberto Luquin s'interroge sur le sens que peut avoir une recherche sérieuse sur la pensée spéculative d'un philosophe latino-américain. Il soutient que le vasconcelisme est une authentique pensée philosophique, il s'agit d'un geste créateur qui a su faire le lien entre la pensée philosophique et la pratique politique.
(Coll. La philosophie en commun, 29.00 euros, 278 p.)
ISBN : 978-2-343-07624-9, ISBN EBOOK : 978-2-336-39864-8

LES PHILOSOPHIES ENVIRONNEMENTALES EUROPÉENNES
Europeana 6
Collectif
Peut-on parler d'une philosophie environnementale européenne ? Peut-on unifier, sous ce concept, un corpus hétérogène et beaucoup plus diversifié que celui que l'on peut trouver à propos de la philosophie de l'environnement dans la société nord-américaine ? Est-ce qu'une unité géographique, celle de l'Europe, peut suffire pour garantir un dénominateur commun à des conceptions philosophiques aussi diverses, voire divergentes, que celles qui existent sur le «vieux continent» ?
(Coll. Kubaba, 20.00 euros, 184 p.)
ISBN : 978-2-343-07680-5, ISBN EBOOK : 978-2-336-39785-6

LE REGARD EN-PÉCHÉ
Réflexion sur le regard porté sur le corps féminin
Bacha Lilia – Préface de Youssef Seddik – Avant-propos de Michel Sicard
Ferme les yeux et regarde à travers les paupières. Tout au fond de nous, une voix nous suggère cela face au corps de la femme. Sans être dévêtue : la femme est toujours nue, elle est ‘awra. Ce terme arabe désigne ce qu'il faut cacher et définit la femme. Quelle est cette créature exhibée par nature, au point de devoir la cacher ? Quels sont les liens entre cette créature et la femme mais aussi l'homme ? Cette réflexion propose de s'y intéresser en naviguant entre orient et occident.
(Coll. Ouverture Philosophique, 25.00 euros, 250 p.)
ISBN : 978-2-343-05808-5, ISBN EBOOK : 978-2-336-39823-5

THOMAS HOBBES ET L'IDÉE DE PUISSANCE
Karray Aouichaoui Mohamed
Ce travail propose l'étude de la théorie de la puissance telle qu'elle s'est développée dans la philosophie de Hobbes. L'idée directrice est que la puissance n'est plus une donnée de la nature mais que c'est à travers l'agir humain qu'elle s'acquiert. Elle est une capacité d'agir sur le monde par le biais de la science. Avec Hobbes, la science devient le moyen le plus spécifique de la puissance, et celle-ci, par le biais de la science, la capacité d'agir sur le monde, tant naturel qu'humain.
(Coll. Ouverture Philosophique, 33.00 euros, 324 p.)
ISBN : 978-2-343-04013-4, ISBN EBOOK : 978-2-336-39810-5

AUX FRONTIÈRES DE L'HUMAIN
Essai sur le transhumanisme
Koest Pierre
Tels des exilés, nous nous trouvons aujourd'hui dans l'entre-deux d'une frontière, qui sépare l'Humain du Trans-humain. Les progrès vertigineux de la convergence des nanotechnologies, biotechnologies, informatique et sciences cognitives font miroiter un futur aux accents utopiques, qui nous promet longévité accrue et augmentation exponentielle de nos capacités biologiques. Mais apparaît conjointement la menace d'un triomphe de l'intelligence artificielle et à terme de l'extinction de ce que l'on nommait humanité.
(Coll. Eidos série Retina, 19.00 euros, 186 p.)
ISBN : 978-2-343-07664-5, ISBN EBOOK : 978-2-336-39557-9

L'HARMATTAN ITALIA
Via Degli Artisti 15; 10124 Torino
harmattan.italia@gmail.com

L'HARMATTAN HONGRIE
Könyvesbolt ; Kossuth L. u. 14-16
1053 Budapest

L'HARMATTAN KINSHASA
185, avenue Nyangwe
Commune de Lingwala
Kinshasa, R.D. Congo
(00243) 998697603 ou (00243) 999229662

L'HARMATTAN CONGO
67, av. E. P. Lumumba
Bât. – Congo Pharmacie (Bib. Nat.)
BP2874 Brazzaville
harmattan.congo@yahoo.fr

L'HARMATTAN GUINÉE
Almamya Rue KA 028, en face
du restaurant Le Cèdre
OKB agency BP 3470 Conakry
(00224) 657 20 85 08 / 664 28 91 96
harmattanguinee@yahoo.fr

L'HARMATTAN MALI
Rue 73, Porte 536, Niamakoro,
Cité Unicef, Bamako
Tél. 00 (223) 20205724 / +(223) 76378082
poudiougopaul@yahoo.fr
pp.harmattan@gmail.com

L'HARMATTAN CAMEROUN
BP 11486
Face à la SNI, immeuble Don Bosco
Yaoundé
(00237) 99 76 61 66
harmattancam@yahoo.fr

L'HARMATTAN CÔTE D'IVOIRE
Résidence Karl / cité des arts
Abidjan-Cocody 03 BP 1588 Abidjan 03
(00225) 05 77 87 31
etien_nda@yahoo.fr

L'HARMATTAN BURKINA
Penou Achille Some
Ouagadougou
(+226) 70 26 88 27

L'HARMATTAN SÉNÉGAL
10 VDN en face Mermoz, après le pont de Fann
BP 45034 Dakar Fann
33 825 98 58 / 33 860 9858
senharmattan@gmail.com / senlibraire@gmail.com
www.harmattansenegal.com

L'HARMATTAN BÉNIN
ISOR-BENIN
01 BP 359 COTONOU-RP
Quartier Gbèdjromèdé,
Rue Agbélenco, Lot 1247 I
Tél : 00 229 21 32 53 79
christian_dablaka123@yahoo.fr

Achevé d'imprimer par Corlet Numérique - 14110 Condé-sur-Noireau
N° d'Imprimeur : 131449 - Dépôt légal : septembre 2016 - *Imprimé en France*